稲井静庵の一族

――阿波女性医師とその系譜

稲井一雄
Inai Kazuo

風詠社

稲井静庵の一族
――阿波女性医師とその系譜

目次

装幀　２ＤＡＹ

はしがき

稲井静庵（1800～1882）は、十九世紀（江戸時代～明治時代）の女性医師の一人である。彼女のように社会的地位を得て波乱に富んだ逞しい人生を歩んだ女性は世界でも稀である。

静庵は阿波国（徳島県）名東郡芝原村の農家の次女として生まれた。社会的な身分の制約や、身体的・性別的な障壁を克服して、二十二歳の時、内科、整形外科（整骨術）、産科の医師となった。それは、Elizabeth Blackwell（1821～1910）に先駆けること二十七年前のことである。

静庵は医術の確かさで多くの人々に広く親しまれ、尊敬された。技が進むに従って、次第に視力を失っていったが、挫けることはなかった。患者を往診する際の出立は特異で、「芝原の化け医者」と呼ばれた。侍のように丁髷《ちょんまげ》を結って、刀を差し、馬に跨って往診に出かけた。

彼女は一生独身を貫いたが、稲井家の女当主になって破産しかかった家を復興させ、夫婦養子を迎えて稲井家を存続させた。

筆者は母の伝承と僅かな物証に基づいて、静庵の人生を漸層的段階的に解明していった。また初代から末裔に至るまでの稲井氏の一族を時系列に取り上げて、その全貌をも明らかにしようと試みた。

Preface

Inai Seian (1800-1882) is one of the first Japanese female doctors of the 19th century (Edo-Meiji Periods). Inai is her family name, while Seian is her pseudonym. It is very rare for a woman who had such a tough and stormy life to officially get a position as a doctor in the world at that time.
Seian was born as the second daughter of a farmer in Shibahara Village, Myodo County, Awa Province (Tokushima Prefecture). At the age of 22, she overcame the restrictions of her social status and physical and gender barriers to become a physician in internal medicine, orthopedics (osteopathic surgency), and obstetrics. The most surprising thing is that she became a doctor 27 years before Elizabeth Blackwell (1821-1910).
Because of the reliability of her medical skills, she was widely loved and respected by people. However, the more advanced her medical techniques became, the worse her eyesight became. Finally she lost her sight completely, but she continued her work for a long time. When she made house calls to her patients, her

appearance was so peculiar that she was called the "monster doctor." She not only wore a topknot (chon mage) like a samurai, but also carried a sword and rode a horse to visit patients.
She remained unmarried for the rest of her life, but as the female head of the Inai family, she restored the family fortune from bankruptcy and kept it going by adopting a married couple.
I dug up her life bit by bit and layer by layer based on folklore and what little physical evidence I could find. I attempted to recall the era in which she lived, and to uncover the full story of the Inai family chronologically, from the first generation to the descendants.

探究の始源

筆者が小学校四年生（昭和二十九年、１９５４）の頃、母高子から就寝前の枕元で様々な話を聞かされた。とりわけ二つの話が印象に残った。

一つは、徳島大空襲の母の体験談で、もう一つは母の苦労話や祖父や曽祖父や遠い先祖の話である。それまで母は一度もそんな話をしなかったが、堰を切ったように筆者に語り始めた。

徳島大空襲の話は、筆者が生後四ヶ月の頃の話であった。伯父や父は大阪で軍需産業に従事していて、大阪に住んでいた親戚の女や子供たちは、祖母と母とが暮らす徳島市津田本町に疎開してきていた。昭和二十年七月四日（１９４５）の未明、米軍機Ｂ‐29が徳島市を襲った。徳島市の中心地は焼夷弾で家屋が焼かれて壊滅した。津田は漁師町であり、港や造船所等があったために、米軍の攻撃目標となっていた。稲井家は全財産を焼失させ、生まれたばかりの赤ん坊*まで失うところであった。

もう一つは先祖の話である。稲井家が戦前に津田本町に住んでいたのは、徳島県名東郡北井上村（芝原村）にあった旧稲井家が崩壊してしまったからである。彼女の父純一は芝原村で医師をしていたが、満四十四歳の若さで他界してしまった。稲井家は江戸期より続く豪農家であったが、純一の父も医師であったし、それ以前にも女性の医師がいた。特に筆者の印象に強く残っているのは、芝原の化け医者と呼ばれて江戸期に活躍した女性医師の話であった。

母がこうした話を語ったのは、次の二つの理由からであろう。

一つは、母の人生にとって最も辛く悲しかった戦争や父親の不幸を筆者に伝えておきたかったからであろう。もう一つは、我が家が高度な学識を誇った医家の家柄であったことを、遊び盛りであった筆者に知らせて、勉学意欲を持たせたいという教育的意図からであろう。

そんな訳で、ある人物の数奇な境涯を知った筆者は、いつしか女性医師を中心に先祖の素顔にもっと迫りたいと思うようになった。

＊米軍機の焼夷弾が我が家に二発命中し、生後四ヶ月であった筆者は、大阪から疎開していた親戚の家族によって猛火の中から救い出されて、九死に一生を得た。

探究の姿勢と方法

稲井静庵という人物とその一族を明らかにするに当たって、次のような研究の姿勢や方法を取った。

まず探究姿勢から述べる。

対象が日本の封建制度下の一地方一農家の人々であることから、当時の非支配階級、すなわち圧倒的多数を占める一般庶民の立場に視点を据えた。

また伝承や伝説は、近親者や周辺の人々の印象が受け継がれてきたもので、印象という断片的記憶の継承である。そうした伝承・伝説は、人々の印象や記憶そのものにも問題があって、過大評価や思い込みや記憶違いや誤解などが混じっている可能性があるし、複数の人々の伝播継承であるから、変異の可能性もある。またそれは、現在から過去に向かっての人々の視線でもあるから、働き盛りの若き頃のイメージよりも、晩年のイメージが濃いという偏りがあるのではないかとも考えられる。以上に留意しながら考察した。

次に具体方法を述べる。

墓石・位牌・除籍謄本・遺物といった直接的証拠や、人々の伝承や関連する文献といった間接的情報資料を手掛かりにして、稲井静庵とその一族の全体像が浮かび上がるように、得られた知識の順（時系列）に、漸層的段階的に考察してゆく。

とは言え、歴史はロマンでもあるから、筆者の抑えがたい祖先に対する好奇心や愛おしさから、科学的方法を基調としながらも、ロマンと空想の翼を存分に羽ばたかせることにした。

人の判断は結局主観であって、誤りが出るかも知れないが、記述することによって、多くの人々の目に触れ、様々な意見や批判によって真理に近づくように間主観を期待したい。

第Ⅰ部　母は語り部

第1章　母の話

1　父

わたしは高等小学校を卒業するまで芝原（徳島県徳島市国府町芝原）に住んでいた。大変大きな家だった。

若き日の高子

わたしのお父さん（純一）はお医者さんだった。しかし、わたしが六歳になる直前に亡くなった。四十幾つかで若死にだった。お腹が痛くなって我慢できなくなり、人力車に乗せられて佐古（徳島市佐古町）の鈴江病院に向かう途中で亡くなった。
お父さんは旧制の徳島中学校から岡山高

等学校へ行き、さらに熊本医学専門学校へ行った。当時の医学は関東より九州の方が進んでいたそうよ*。医学専門学校に入学した年の暮れに、お父さんのお父さん（祖父）が亡くなって、学資が足りなくなった。それで稲井家の土地を売って学費に充てた。あの頃の土地は値段が安かったので、稲井家の土地がだいぶ減った。お父さんが医学専門学校を終えて芝原に帰ってくると、村中の人々が提灯行列をして出迎えてくれた。

お父さんがいた頃は本当に楽しかった。博多（福岡県福岡市博多区）に叔父さんがいて、瓢箪寿司というお寿司屋さんを開いてすごく繁盛していた。そこから珍しいものがいろいろと我が家に送られてきた。

ある日、カステラが送られてきて、家中の人が揃って食べたことがある。わたしは初めてカステラというものを食べた。その美味しかったこと。

またある日、お父さんが万年筆で何かを書いているのを見た。その万年筆がどうしても欲しくなった。お父さんにおねだりすると、お父さんは何やら手紙を書き始めた。それからだいぶ経った頃、本当に万年筆が送られてきたので嬉しかった。

そんなお父さんが突然お腹が痛くなって、人力車に乗せられ、佐古（徳島市佐古町）

熊本医専時代の純一、熊本県立病院にて、後方中央、胸ポケットに白いもの

の鈴江病院に向かう途中で亡くなってしまった。腹膜炎だった。

お父さんは鈴江病院（医院長鈴江重三郎氏）で副医院長をしていたことがあった。その頃の鈴江病院は国府町観音寺にあった。前医院長さんの瑞穂先生が以前こんなことをおっしゃった。

「君のお父さんはね。僕の病院を時々訪れて、父（重三郎先生のこと）と何かしきりに話し込んでおられて、用が済むと自転車に乗って帰ってゆかれたのだがね。その自転車に乗る時の様子がなんともおかしかったなあ。君のお父さんは体が太くて背が低かったものだから……。」と。(1)

お父さんはお腹が出ていて背が低かったので、自転車に乗る時には何かを踏み台にして乗ったのよ。

＊「医学は関東より九州の方が進んでいたそうよ」と母が言ったが、純一がそのように思っていたのであろう。特に長崎はシーボルトの鳴滝塾があった場所である。また、「文久元年八月十六日（１８６１）、日本最初の洋式医学校である医学所が開設された。その医学所は精得館、長崎府医学校と改称し、更に長崎医学専門学校、官立長崎医科大学、長崎大学医学部となった。」(2) 純一の九州志向はそうしたことが影響していたであろう。

２　祖父

ずっと昔のおじいちゃんもお医者さんだった。歌が得意だった。ある日、近所で結婚式があり、おじいちゃんもその家に呼ばれた。行ったところ、お客さんが既にいっぱいだったので、端っこの縁側に座らされた。そこで、こんな歌を歌った。

上は上座中は中の間下は板の間我は下々のせせなぎの縁＊
（じょうはかみざ、ちゅうはなかのま、げはいたのま、われはげげんのせせなぎのふち）
それを聞いた家の主人が、「これは失礼しました。どうぞ、こちらへおこしなして。」と言って、上座に据えられた。

＊古くから「上中下」、「かみなかしも」といった一連の言葉があって、特に人や田畠などを区別する場合に使用された。
「室町後期の俳諧連歌師であった山崎宗鑑は『上の客立ち帰り、中の客その日帰り、下々の客泊りがけ』と書いた額を自庵に掛けていた。」(3)


その後、皮肉混じりの「下々の客」といった表現が民間に広まった。

母の祖父は結婚式場で部屋の隅っこにやられたので、咄嗟にそうした知識で即興に歌ったのであろう。「げげん」は「下々」と同じで、下の下で最低、最悪という意味である。

歌の形式が7・7・7・7・7となっていて、和歌とは異なる。これは都々逸《どどいつ》であろう。

「都々逸の正調は7・7・7・5であるが、更に定型の上に5文字一句を加えたものや、下二句の前に俗曲を挿入したりするものがあり、各種変形があった。多くは即興で歌う。天保九年八月（1838）に都々逸坊扇歌が寄席で歌ったのが最初で、その後広まっていった。」(4)

3　化け医者

先祖の一人に、女でありながら目が見えなかったのに医者をしていた人がいた。娘さんの頃に目が見えなくなったらしい。

往診の時には丁髷を結い、刀を差して馬に乗って出掛けた。「芝原の化け医者」と呼ばれた。昔の女は男の医者に診てもらうのが恥ずかしかったので、すごく流行ったらしい。

「お亥の子はん」*の晩のこと。その日は年に一度だけ他人の家の生りものを盗んでよいという習わしがあった。我が家の裏庭に色々なものが生っていた。金柑やじくじん（温州ミカン）や夏蜜柑といったものよ。

夜になると案の定誰かが盗みにやって来た。すると、化け医者は暗がりから「何しよんな。」と大声で怒鳴りつけた。その人はびっくりして何も盗らずに逃げ帰った。

翌朝、化け医者は昨夜の人と家近くで出くわした。男は何食わぬ顔で化け医者に挨拶をした。男が去った後、化け医者は「さっき挨拶したもんは昨夜盗みに来た男ぞ。」と家族に言った。彼女は目が見えなかったけれど、耳が鋭く、遠くからの足音を聞いただけで誰なのか言い当てた。

ある時稲井家に養子さんがいて、毎日働かずに遊んでばかりいた。朝寝、朝酒が人好きといった具合で、とうとう家が破産してしまった。それを化け医者が家を元通りにしたんよ。

化け医者は一生独身を通したので子がいなかった。そこで親戚から夫婦養子を迎えて稲井家を続かせた。それで化け医者のことを「稲井家中興の人」と我が家では呼んでいる。

お父さんが亡くなって、わたしが外で遊んでいると、近所のおばさんから「お前んとこは化け医者の家ぞ。」と言われたことがあった。

＊旧暦十月亥の日の祭り。
十月は神無月《かんなづき》と言い、「来臨した神様が出雲へ帰っていく月である。農村では十月最初の亥の日に神を送り返して収穫期のお祭りをする。子供たちは組を作って藁苞（わらづと）や縄を石に括りつけたものを地面に叩きつけ、」⑸駄賃や餅をねだって家々を回った。

昭和三十年代の半ばの頃（１９６０）になってもそうした習慣が田舎で残っていたのを筆者は目撃した。

４　先祖

うちの先祖は大変なお金持ちだった。小判がたくさんあった。わたしの子供の頃にはまだ小判が残っていて、それで遊んだことがある。畑も相当広かった。それで昔はよく強盗に入られた。

ある時大勢で押しかけてこられて、金を出せと言っておじいさんやおばあさん（年齢的なおじいさん、おばあさんという意味ではなく、単なる先祖という意味）の手足をぐるぐる巻きに縛った。泥棒たちはお金を取ると何もせずに出ていった。殺されることはなかった。頬かぶりをしていても、近くの人々であることが分かる。みんな食うに困ってすること*だから、お金を渡しさえすれば大人しく帰っていった。お役人に訴えたりしない。

ある日、大きな地震**があって、地震がなかなか収まらず、おじいさんやおばあさんは竹藪の中で夜を過ごした。地震は地割れが起きるので、四方八方に根を張った竹藪が一番安全な避難場所だったんよ。

また、近くの川が氾濫***して、小さな家はぷかぷか浮いて流れていった。稲井の家は流されなかった。家族や家人たちはみんな屋根裏部屋に上がって水が引くのを待った。子供の頃、天井の近いところまで洪水の跡があったのを見たことがある。

＊当時の村人の困窮ぶりは次の歴史的事件から想像できる。
「宝暦五年（1755）に阿波藩の葉藍専売制が確立し、藍作農民から藍作税が取られるよ

うになり、人々は苦しんだ。宝暦六年十一月（１７５６）、藩の葉藍専売制と凶作の不満から五社騒動（五社宮一揆とも）が起こった。」[6]
また、「天保四年（１８３３）に始まった天保の大飢饉は、天保七年（１８３６）にピークに達した。春・夏の低温、洪水のため、凶作が続き、大規模な飢饉になって、多数の餓死者が出た。」[7]
＊＊安政南海地震であろう。「東南海トラフ地震で、東海道は安政元年十一月四日（１８５４）に、伊勢湾から九州南部にかけてはその翌日に起きた。」[8]
＊＊＊芝原は吉野川や飯尾川に挟まれ、神宮入江川が芝原で迂回して吉野川に注いでいた。それで度々大洪水が起きた。芝原は典型的な洪水地帯である。
国府町内を歩くと、台座の高い地蔵菩薩（高地蔵と呼ばれている）が広範囲に見られる。「東黒田の高地蔵は高さが四メートル十一センチ余

東黒田の高地蔵（うつむき地蔵）

り」ある。その高さまで洪水が起きた証である。「高地蔵は水害の度に建立され、犠牲者の供養」と無病息災の願いが込められている。(9)

5　雇い人

わたしが五歳の頃に使用人が四人いた。作付人、女中さん、俥夫《しゃふ》、子守の四人。「俥夫」とは人力車を引く人のこと。

もっと幼い頃、用を達するために女中さんに手を引かれて長い廊下を伝って厠《かわや》へ行った。長い廊下を伝って厠へ行くのが嫌だった。この家がもっと小さければいいのにと何度も思った。そのためか、今ではこんな小さな家*に住んでいる。

ある日、見かけない男がやって来て、家にぜひ置いて欲しいと言った。そこでその男を家に置いてやったところ、真面目に働いてくれたけれど、一つだけ家族たちが首を傾げるような行動があった。夕飯を家の全員が揃って食べている時、その男は細長い物をどうしても食べなかった。家族が不思議に思っていると、しばらくして二人の刑事さんがやって来て、彼を縛って連れて行った。何かの罪を犯した人だった。長い物を食べなかったのは縁起担ぎだと後で知った。

＊筆者の父は戦後警察官をしていて、県内を転々と勤務して回った。その頃は阿南市富岡町の二軒長屋の官舎に住んでいた。部屋は六畳、四畳半の二間で、雨が降ると雨漏りがした。

6　母自身

(1)　生い立ち

お父さん（純一）が亡くなったので、古くから続いた稲井家は、あっけなく無くなってしまった。わたしが尋常高等小学校を卒業するまで、家族は芝原に留まっていたけれど、税金が払えなくなって家屋敷を売ってしまった。

わたしは里子にやられて転々とした。結局、親戚の加藤家に預けられたけれども、毎日の雑用の身が辛くて耐えられなかった。そこでお母さん（始ヱ、もとゑ）に訴えたところ、佐古町の鈴江病院の厄介になることになった。今までと違って、奥様（瑞穂先生の奥様）はわたしをとても可愛がってくれた。奥様は拝原（美馬市脇町拝原）の秦眼科からお嫁入りして来た方で、新築祝いや盆暮れの折りに何度も奥様のお里へ一緒に連れていってもらった。お婆様（重三郎先生の奥様）からは針の持ち方や靴下の繕い方を教えてもらった。食事の準備、掃除、洗濯などは一切しないで他の女中さんがして、わたしはお嬢ちゃんの子守ぐらいで他に何もしなかった。毎日が夢のようで楽しかった。しかしそんな日は昭和八、九年（満十四歳）の一年半程の間だけだった。加藤の跡取りの子がわたしを呼びに来た。しじら織り工場が新しく出来て人手が必要になったからよ。

末っ子の八重子は芝原の郭野家の養女（後に解消）にやられた。お母さん（始ヱ）は、二度ほど他家の奉公に出た。

(2)　自立

兄がわたしたち姉妹に学資を出してくれたので、姉妹はそれぞれ職業学校に通うことができた。わたしは二年間徳島洋服学校（現四国大学の前身）で学び、更に徳島洋服研究所で六ヶ月ほど学んだ。洋服学校の卒業の前に佐藤カツ校長先生から同校の教授になるように勧められた。しかし、お母さん（始ヱ）が学校の先生より商売人の方が儲かると言って反対したのでお断りした。お母さんは加藤家から嫁さんに来た人だから反対したのよ。商売人は学問より経験や人付合いを大事にすればそれでよいから。

わたしたち親子は徳島市津田本町へ移住した。大家さんは味噌醤油屋の平野さんで、二階一戸建ての家を借りた。そこで洋服店の看板を掲げ、家族は注文服で生活することにした。津田は漁師町で賑わっていた。漁から帰ってきた漁師の娘さんから注文をたくさん受けた。ある日税務署の人がやって来て厄介な目にあった。それでやむなく店の看板を下ろして、内職の形で注文服の仕事を続けた。

わたしはお父さん*と結婚した。その頃お父さんは大阪にいて、時々徳島へ帰って来てくれた。お前（筆者）が誕生した時、鈴江病院の奥様がわざわざ津田までお越しになってお喜びをいただいた。

妹の八重子は、徳島城近くの村崎裁縫女学校（徳島文理大学前身、校長村崎サイ）で和縫を学んだ。卒業後は大阪のお兄さんと同じ会社（住友金属）で事務員をして、そこ

稲井家の三人娘（左 高子、中央 八重子、右 文子）

で恋愛結婚をして大阪で暮らした。
＊安田貢。徳島県板野郡里浦村の安田家の五男として、大正六年十一月十四日（１９１７）に生まれる。父は安田利吉、母はコリン。
昭和十年大阪市立大宝商業専修学校二年修了。昭和十五年住友金属工業株式会社に入社したが、すぐ軍隊に臨時招集され、善通寺陸軍病院から北支派遣第27師団第12野戦病院に転属。近衛輜重隊で招集が解除された。

昭和十九年一月七日（１９４４）に稲井家と婿養子縁組をした。昭和二十年八月に戦災のため会社（住友金属工業）を退社。戦後警察官を志して警察学校を主席で卒業し、国家警察として徳島県美馬郡の貞光警察署に赴任。その後県内各地の駐在所や警察署に配属されて回り、最後は県警本部教養課勤務であった。

大の野球好きで軍隊時代、貞光署時代は草野球に興じた。巨人ファン。鷲敷署で弓道を初めると、たちまち四段になり、ある四国弓道大会で優勝した。軍隊経験があるから元々乗馬や射撃は得意であった。野球好きは後年になっても衰えず、シニアのソフトボールクラブのメンバーになって各地の試合に出た。晩年はゲートボールに転じて、一級審判員になって県協会から感謝状を受けた。

戦災で財産をすっかり失くした稲井家を支え、平成二十四年七月九日（２０１２）に他界。享年九十四歳、正七位。

(3)　徳島大空襲

大阪の家族たちが我が家に疎開してきて、そろそろここ（津田）も危ないからみんなでどこかへ移った方がいいのではないかしらと話し合っていた矢先だった。早朝にB‐29の空襲があり、全員命辛々逃げ回った。パン屋さんから借りていた倉庫に保管していたた稲井家の財産を全て失った。

我が家は二度空襲に遭った。一度目は徳島市内でたった三軒だけだった。消防隊が多数駆け付けてくれ、店先の屋根を焦がしただけで済んだ。しかし、二度目の空襲*は助けがなく酷かった。

二度目にB‐29がやって来た時は、夏の暑い季節で蚊がたくさんいたので、一階の部屋に寝かせた一雄（筆者）には小さな蚊帳を被せてあった。パタパタと大きな音が近づいて、二発の焼夷弾が我が家に命中した。一発は一階の階段の辺りで破裂したが、物を積んであったために火は広がらずに消し止めた。もう一発は屋根を突き抜けて、二階のおむつを入れた皮のトランクを貫き、一雄が寝ている一階で破裂した。部屋中に火が広がったが、わたしは用を達していて部屋に誰もいなかった。燃え盛る部屋に飛び込んでくれたのは、中村家のおばあさん（八重子の義理の母）だった。薄い麻布を張った蚊帳の中は燃えてなくて、赤ちゃんは無事だった。

後でそのおばあさんからわたしはひどく叱られた。「お前は大事な子供を殺してしまうところだった。」と。昔から男勝りで度胸のあるおばあさんで、難波（大阪）でも有名だった。戦火の中で親類家族にテキパキと指示を出していた。あの人がいなかったら、お前（筆者）は今頃この世にいなかっただろう。ミシンや椅子（父純一が使用）はこれから生きていくために必要だからと、外へ運び出してくれていた。

近くの家に一雄と同じ日（昭和二十年三月二十二日、１９４５）に誕生した男の子がいた。その子は焼夷弾の直撃を受けて黒焦げになり、その子のお母さんはその子を抱いて人目構わず泣き叫んでいた。戦後になってそのお母さんはわたしに会うたびに、「お宅の息子さんはお元気ですか。」と言ってくれる。涙が出るわ。

戦後の徳島市街地を歩く母と筆者

母（始ヱ）は先祖の位牌を抱え、わたしは赤子の一雄を抱えて戦火の中を逃げまわった。米軍機の機銃掃射の顔が見えた。銃弾が音を立てて何度も耳を掠めた。造船所の船の船体に細長い銃弾が幾つも刺さっていた。川（新町川と園瀬川の合流河口付近）へ逃げたが、そこも火の海だった。途中、一雄の両目がただれたようになっていたので、目を拭いてやった。空襲が鎮まってからわたしたちは国府町の親戚の加藤まで逃げて行った。

戦争が終わって大阪の親戚の家は焼かれずにそのまま残っていたという。徳島で財産を失ったので、疎開したことを相当悔やんだらしい。

＊「昭和二十年七月四日（１９４５）の未明、一二九機のＢ-29が来襲、エレクトロン油脂焼夷弾を投下、徳島市の約62％が焼失、死者約千人を出した。米軍機は和歌山方面から飛来してきて新町川河口から侵入して徳島市を襲った。四日午前四時ごろまで爆撃が数十回くりかえされた。」(10)

第２章　静庵墓誌

１　内容

筆者は幼少期にこんな思い出がある。威徳院（国府町芝原）で祖母（始ヱ）の法事が執り行われていた時のことである。筆者を含めて親戚の子供たちは本堂の読経が退屈で、申し合わせたように庭に出ていた。稲井家の墓を見に行こうと誰かが言い出した。皆で畑中の墓地まで行くと、一際大きな墓が筆者の正面に立ちはだかった。西日が射して黒光りしている墓石の表面にびっしりと漢字群が浮かび上がった。何が書いてあるのか分からないのが悔しかった。それでもしばらくその文字に見入っていた……。

後年そんな記憶が蘇ってきたので、拓本を取ることにした。昭和六十三年（１９８８）のことである。墓誌の内容は次の通りで、墓石三面にきちんと収まっていた。

静庵墓誌１（東面）

静庵墓誌２（西面）

（東面）
静庵稲井氏芝原村人利三郎第二女也母宮
本氏静庵幼而軟弱有眼疾年十五父母憂之
使学醫於是勵志刻苦修産科又学整骨術旁
通内科年二十二業成自號静庵在家治療乞
治者甚多其技益進而視力益衰遂失明静庵
為人温柔貞静其接患者言談挙止不譲男児

（西面）
遠近稱焉先是利三郎無男養高畠邨人萬蔵
為嗣配以長女萬蔵放蕩無頼幾破産静庵不
得已請分異萬蔵不聴争訟積年遂請官裁官
使静庵続其家静庵乃奉老母養之又為萬蔵
盡償其債養従弟宮本重蔵為子相共拮据黽

静庵墓誌３（北面）

勉家道漸成既而重蔵先没使孫良衛入徳島
（北面）
醫学校受業良衛能遵守其訓戒学業大進官准為醫師静庵大喜其有成益加激勵云明治十五年九月二十六日終壽八十三嗚呼女流而善醫如稲井氏者古今所稀見況身既失明而忍窮耐苦終能興其家者吾未見其比也豈鬚眉男子之所能企及哉
明治十六年九月　新居敦　譔并書

この墓誌は、静庵他界の翌年、良衛が新居敦*に揮毫を依頼したものである。墓の東西北の三面に静庵の人生や業績が綴られていた。母が語った「芝原の化け医者」に相違なかった。

＊新居敦二郎（１８４９～１９１７）、雅号は湘香。彼が静庵墓誌を揮毫したのは徳島中学校校長だった三十四歳の頃。父は阿波の儒学者、徳島藩家老の新居水竹（与一郎）で、「明治三年（１８７０）の庚午事変（稲田騒動）の責を取り、翌年東京芝白金で日本公式儀法による最後の切腹」をした。(1)
「次男であった敦二郎は、幼きより父の経営する長久館で家学を受け、明治五年上京して慶應義塾に入学し、英学を専攻した。明治十三年（１８８０）、徳島中学（現、城南高校）の初代校長になり、その後、北海道庁、東京府庁、貴族院、大蔵諸官省に奉職し、東北帝国大学農科大学予科助教授兼庶務課長となった。職を辞すると東京に移り、晩年は蜂須賀茂韶公の招きを受け、公の高輪別邸で学を講じたり、日々高官や文化人らと交わったりした。」(2)

2　書き下し文

筆者は徳島大学漢文学博士竹治貞夫先生にノートに書き取った墓誌を見ていただいた。内容に矛盾がなく、新居敦が起草したものに間違いないと認めてくださった上、読みながら時々訓点を示してくださった。以下はその書き下し文である。

（東面）
静庵は稲井氏、芝原村の人、利三郎の第二女なり。母は宮本氏。静庵幼くして軟弱、眼疾有り。年十五、父母之を憂へ、醫を学ばしむ。是に於いて志を勵まし刻苦して産科を修す。又整骨術を学び、旁に内科に通ず。年二十二にして業成る。静庵と號してより家に在りて治療す。治を乞ふ者甚だ多し。其の技益々進みて視力益々衰へ、遂に失明す。静庵の人と為り温柔貞静。其の患者に接するや言談挙止男児に譲らず。

（西面）
遠近焉を稱ふ。是より先利三郎男無し。高畠の邨人萬蔵を養ひ、嗣と為し、配すに長女を以てす。萬蔵放蕩無頼、幾ど産を破る。静庵已むを得ず分異を請ふ。萬蔵聴かず。争訟積年、遂に官裁を請ふ。官静庵をして其の家を続がしむ。静庵乃ち老母を泰んじ、之を養ひ、又萬蔵の為に盡く其の債を償ふ。従弟の宮本重蔵を養ひ、子と為し、相共に拮据置勉す。家道漸く成る。既にして重蔵先だって没す。孫の良衛をして徳島醫学校に入り、業を受けしむ。良衛能く其の訓戒を遵守し、学業大いに進み、官醫師と為ることを准す。静庵大いに其の成有るを喜び、益々激勵を加ふと云ふ。明治十五年九月二十六日終はる。壽八十三。嗚呼、女流にして醫を善くすること、稲井氏の如き者は古今稀に見る所なり。況んや身既に失明して窮を忍び苦に耐え、終に能く其の家を興す者は吾未だ其の比を見ざるなり。豈に鬚眉男子の能く企及する所ならんや。

（北面）

明治十六年九月　新居敦　譔并びに書

3　口語訳（一雄訳）

静庵は稲井氏、芝原村の人で、利三郎の次女である。母は宮本氏。静庵は幼少から軟弱で眼疾があった。志学（十五歳）の年、父母は将来を心配して医術を学ばせた。それで志を奮い立たせて苦労して、産科を修めた。また整骨術を学び、内科にも精通した。二十二歳で医学修業を終えた。静庵と号してから家に在って治療をした。治療を乞う者が大変多かった。腕が上がるに従い、視力が次第に衰えてとうとう失明した。

静庵の人柄は温かくもの柔らかで、節を曲げないでもの静かだった。それでいて患者を前にすると、見立てが揺るがずはきはきとして、診察態度は男子に引けを取らなかった。遠きも近きも彼女を称えた。

前々から利三郎には男の子がいなかった。高畠の村人の萬蔵を養子に迎えて跡継ぎにし、長女を娶せた。萬蔵は放蕩無頼で、家をほとんど破産させた。静庵は止むを得ず別れるように求めたが、萬蔵は承服しなかった。言い争うことが長年続き、とうとう官に裁きを願い出た。官は静庵に家を継がせた。

静庵はそこでやっと老母を安心させて養い、また萬蔵のために尽く負債を償った。従弟の宮本重蔵を養子にして、共に忙しく働き精を出した。家業がやっと軌道に乗った。

既に重蔵が先立って死没した。孫の良衛を徳島医学校に入れて学業を受けさせた。良衛はよく静庵の訓戒を順守して、学業が大いに進み、官は医師になることを許した。静庵はその成功を大変喜んで、ますます彼に激励を加えたという。明治十五年九月二十六日生涯を終えた。享年八十三歳であった。

ああ、女流で医術をよくするなど、稲井氏のような者は古今を通じて稀に見ることだ。ましてや、身は既に失明していながら貧窮を忍び、苦難に耐え、最後に家を興した者は、他に比較する例を見たことがない。どうして男の中の男子もそこまで成しえることができるだろうか、いや、できはしないだろう。

明治十六年九月　新居敦　文並びに書

第3章　除籍謄本

二本の除籍謄本は、戸主がそれぞれ良衛、純一となっている。

明治から大正にかけての稲井家の住所は、徳島県名東郡芝原村百三十九番屋敷。もう一本は地番改正後で、徳島県名東郡北井上村大字芝原村字寺地三十八番地となっている。

旧稲井家があった「芝原村」は、吉野川の第十堰（新旧吉野川の分岐点）からやや下流の南岸地域で、吉野川と飯尾川に挟まれた沖積地である。

また「江戸期の元禄・享保（１６８８〜１７３５）頃にほぼ形成したと言われる阿波藍作地帯」に属した。(1)「寺地」を現在の地図で見ると、南北おおよそ三七五メートル、東西二〇〇メートル程の区画である。

除籍謄本から良衛、純一の二人を中心に次に述べる。

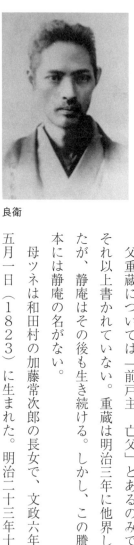

1　良衛

良衛は静庵墓誌に書かれた人物である。重蔵とツネとの間の長男である。安政二年十月四日（１８５５）生まれ、明治三十四年十二月十三日午後四時（１９０１）に没した。享年四十六歳（満年齢*）。住所は徳島県名東郡芝原村百三十九番屋敷である。

良衛は静庵に格別に可愛がられた。徳島医学校（明治三年開校）に入学したが、医学校は明治五年に廃校となった。しかし、その後も医学を続けることができ、公に医師資格を得て名東郡医師となる。二男七女。ただし、長女は謄本に記載されていない。

良衛

父重蔵については「前戸主　亡父」とあるのみで、それ以上書かれていない。重蔵は明治三年に他界したが、静庵はその後も生き続ける。しかし、この謄本には静庵の名がない。

母ツネは和田村の加藤常次郎の長女で、文政六年五月一日（１８２３）に生まれた。明治二十三年十

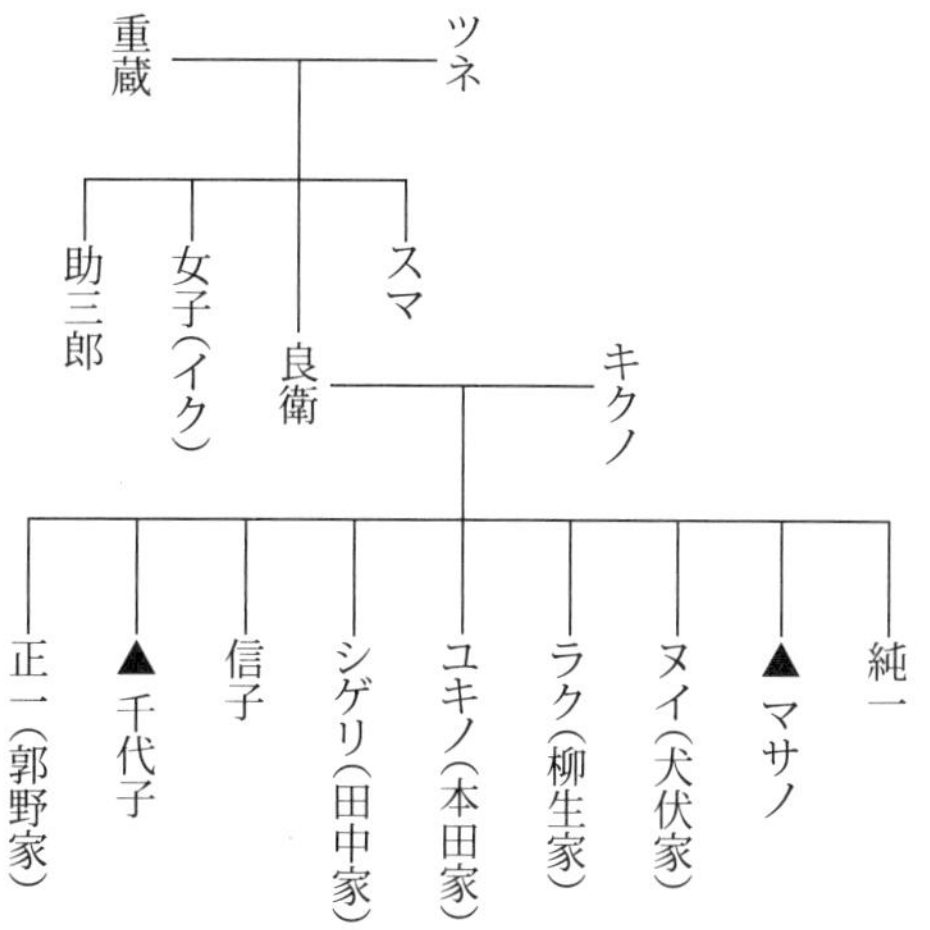

月三日（１８９０）に他界、享年六十七歳。
良衛の妻はキクノ。郭野禎蔵（名西郡西覚円村の人）とマサの長女で、安政五年八月十日（１８５８）生まれ。満十八歳に近づいた明治十年四月二十五日（１８７７）、二十一歳の良衛の許に入籍した。大正十一年五月二十六日（１９２２）に他界。享年六十三歳。

＊「明治六年二月五日（１８７３）の太政官布告で、それ以後の年齢計算を満年齢とするようにという触れが出た。」[2] しかしなかなか徹底出来ず、数え年による計算が巷では普通であった。江戸時代と明治時代では暦が異なり、満年齢の計算にややこしいケースがあったからである。明治三十五年十二月二日（１９０２）、法令「年齢計算ニ関スル法律」が出て満年齢に統一されたが、昭和二十年代になっても時々数え年齢が通用した。良衛以降を満年齢とする。

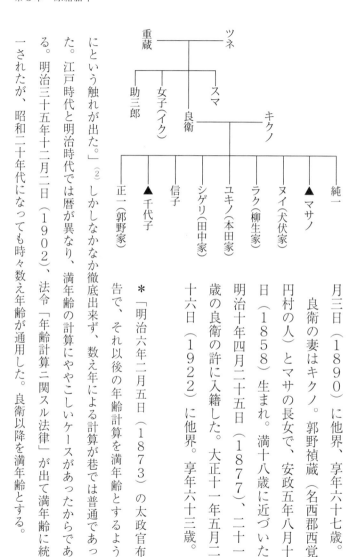

2　純一

純一は父良衛、母キクノの長男。明治十三年十月十八日（１８８０）生まれ、大正十三年十一月九日午後四時（１９２４）没。享年四十四歳。住所は名東郡北井上村大字芝原字寺地三十八番地。徳島中学校（旧制）、岡山高等学校（第五高）、熊本医学専門学校卒業。稲井医院を開業。内科医。二男三女。

父が死亡した時（１９０１）、純一の他に、母、妹五人、弟一人の残された家族がいた。二十一歳の純一に当主としての責任が重くのしかかったが、まだ学生の身分であった。医師開業後の大正三年（１９１４）に妻を迎えたが、父の死後十二年を経た三十三歳の時である。その後、三人の妹を嫁に送り出すなどして一家の主としての責任を果たした。しかし、母キクノが他界（１９２２）した二年後に純一は突然死亡した。

妻始ヱ（もとゑ）は、父加藤馬三郎（国府町大字和田村百番屋敷）、母フサノの長女で、明治二十六年二月二日（１８９３）生まれ、昭和二十四年十月三十日（１９４９）に没した。享年五十六歳である。彼女の人生は波瀾万丈で、夫純一の死、一家の崩壊、他家への奉公、娘との暮らし、第二次大戦の被災など、あまたの苦労をくぐり抜け、長寿を全うするには至らなかった。

純一の妹のヌイ（良衛次女）は明治四十二年に犬伏家（国府町府中）に、ラク（良衛三女）は大正五年に片岡家（大阪）に、ユキノ（良衛四女）は大正四年に本田家（南井上村川原田）に、シゲリ（良衛五女）は大正五年に田中家（徳島市上八万町）にそれぞれ嫁いだ。弟の正一は、大正九年に福岡市東中洲町の郭野家の養子に入った。

純一没後、長男の唯良が家督を継いだが、その時唯良は十歳で、長女高子は六歳の誕生日直前であった。

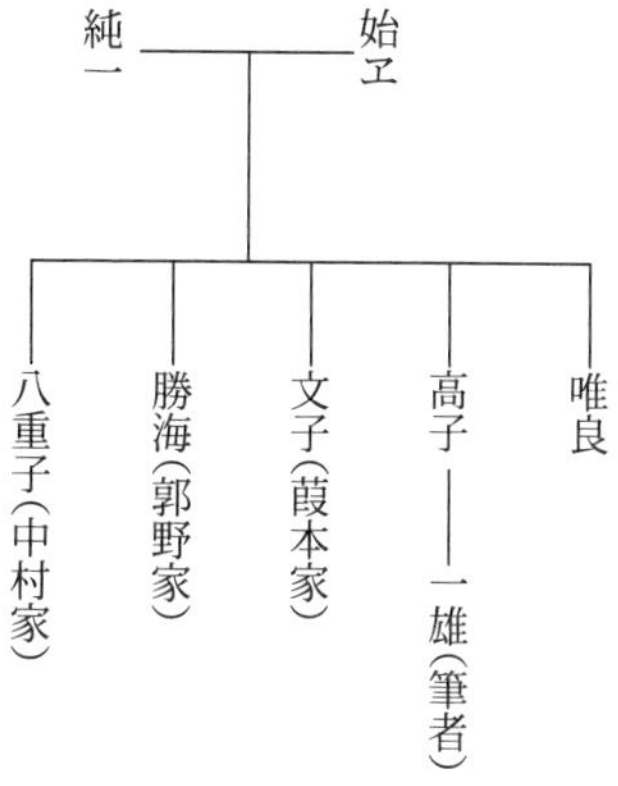

第4章　静庵を知る人々

1　故田中シゲリ氏

毎日新聞徳島版で「阿波人物山脈」という連載記事があった。昭和三十七年一月五日（1962）よりシリーズで医家の評伝が掲載された。時代は江戸、明治、大正に亘っている。昭和三十七年一月十日（付）の「阿波人物山脈⑤」に静庵が取り上げられた。

田中シゲリ氏から記者が聴取したものである。

田中シゲリ氏は良衛五女で、徳島市八万町の田中勝蔵氏の妻である。記者は最初筆者の母高子の許へ取材に来たが、母はシゲリ氏を紹介したという。聞き取り当時のシゲリ氏は六十七、八歳で、静庵に最も近い人物であった。

「阿波人物山脈⑤」は、静庵の師匠の七条文堂を含む八人の医師を取り上げている。紙面中央の大見出しには、「女医の草分け　稲井静庵、盲目ながら針に糸通す」となっていて、静庵は特に目立った存在になっている。彼女に関する記事は次の通りである。

「稲井静庵は阿波女医の草分けで、盲目でありながら乗馬姿で往診に行き、薬の調合から針に糸を通すことまで自分でしたと伝えられるカンの鋭い人だった。十五歳の時ソコヒで失明したが、発奮して七条文堂に師事して医術を修め、開業した。当時の医者はすべて男子だったので男装していたせいか、〝芝原の化け医者〟との異名をとった。」

静庵が江戸期に活躍した「女性医師」であったという肝心な点が押さえられている。それ以前に静庵の名が見られる資料がないわけではないが、性別が明記されていない。

2　故郭野正一氏

郭野正一氏（福岡市）は、良衛次男、純一弟で、大正九年十月（1920）に福岡市東中洲町二一〇番地の郭野辰蔵、その妻チエと養子縁組をした。義父辰蔵が開いた寿司店（瓢箪寿司）を継ぎ、天皇陛下行幸の折りに御寿司献上の栄誉に浴した。以下、母高子が福岡の郭野正一氏宅を訪れて得た情報である。

稲井家の初代は蜂須賀家の東家老*の出で、家臣を連れて芝原に住みついた。だから、家来の墓が十基ほどあるでしょ。稲井の墓は各人別々の所にあったものを畑中に集めた。静庵の墓も別な場所にあったが、一族の墓と一緒にした。

萬蔵さんは決して悪い人ではなかった。放蕩もしたが、とてもいい人だった。結核に罹った。

瓢箪寿司（福岡郭野家）

＊蜂須賀家東家老とはどの家老のことか。現在の徳島市役所（徳島市幸町）の辺りに稲田屋敷と加島屋敷が隣り合わせにあった。加島氏か稲田氏か、それとも別な家老なのか。いずれにしろ、稲井氏は藩の家老と何らかの繋がりがあったと考える。

３　故中村八重子氏

中村八重子氏（大阪市）は、純一の三女、大正十四年五月一日（１９２５）生まれ、令和元年五月十一日（２０１９）没である。筆者の叔母で、静庵についての最後の生き証人であった。八重子氏は、純一没後、良衛の妻キクノの実家である郭野家の養女（後に解消）になった時期がある。姉高子とは生育歴が異なり、芝原に長く住んでいたので、高子の話と重ならない点がある。周到に録音したわけではなく、筆者が機会ある度に聞き取ったものである。以下それを記す。

稲井は苗字帯刀と白足袋が許された家だったんよ。
屋敷の近くに八幡神社がある。参道*に桟敷が設けられて競馬（会馬）が行われた時のこと。村の男子に混じって静庵も参加した。静庵の乗馬ぶりをご覧になった殿様が家来に尋ねた。

「稲井静庵は男か、女か。」と。

ある日、静庵がある患者の家に往診に行った。往診を終えると、酒が振るまわれた。帰宅してから家族にこう言った。

「あの家のもんは神棚に供えてあったお神酒をわしに飲ますんぞ。目が見えんと思とったんじゃろうが、わしは分かっとった。」と。

＊「八幡神社の参道は、距離三三〇メートル、幅十・五メートルの廻り馬場である。八幡神社の例祭の当日、臨時的に会馬（競馬）が行われた。五〇～六〇頭の馬が集まった。見物人の整理には、ねじ口で南芝原、橋本、宮本の村の若衆が当たった。また毎月朔日と十五日には地乗りがあり、蜂須賀藩家老の加島氏も度々観覧に来た」という。(1)

芝原八幡神社の参道（南側正面から奥が八幡神社）

４　故鳥羽重夫氏

鳥羽重夫氏（板野郡上板町）は七条文堂*の子孫。筆者は鳥羽家を訪問して、重夫氏から文堂や静庵についてお聞きした。

七条家は藩家老長谷川氏の先規奉公人**だった。

文堂の父の宗民も医師であった。父宗民が医師になる時、宗民の父の弥兵衛は子のために藩に医師開業願いを出した。その「医術稽古支度願」の控えによると、「私の倅喜蔵（宗民）は生来病身で、農業には向かないので」というふうに書いている。百姓から医師への身分変更なので、建前上「身体軟弱」として願い出た。

七条文堂が亡くなった時（１８５４）、門人達が墓石を寄贈した。静庵は墓前に灯籠を建立したので、灯籠に名前が刻まれている。墓石の裏面には静庵以外の門人たちの名が連記されている。文堂の墓は、昔あった場所から、今は上板町字七条経塚の経塚墓地に移されている。

静庵は、文堂の法要の帰り際に彼が愛用した白馬***を家族から貰い受けた。文堂の身内には馬に乗る者がいなかったためだ。馬は遠くにやってもちゃんと飼い主の許へ帰ってくる賢い動物である。

＊「七条文堂（1782～1854）は、徳島藩医、五代林東儀から医術を学んだ。林東儀は本草学を小野蘭山に学び、産科を三代賀川子全から学んだ。文堂は長崎に出かけて洋学の知識を得た博識の医師で、文化活動も活発で交際範囲が広かった。白馬に跨り、合財袋に医術に役立つ物やら古器物などなんでも収集したので、『合財医者（がっさいいしゃ）』と呼ばれた。門人には井上肇堂、稲井静庵、林立閑、七条龍太、長江宗瑞、加納彦真がいた。」(2)
＊＊「先規奉公人とは、元々軍役待機の百姓だったが、その後に夫役御免の特権が与えられ、本百姓より上位の身分に固定された。徳島藩特有の身分である。」(3)

***故稲井唯良氏（大阪市）によると、稲井家旧屋敷の東に高さ約一メートルの石造りの馬塚があったという。静庵が七条家から譲り受けた白馬の供養塚であろう。

七条文堂墓前の静庵建立の灯籠（芝原村稲井清庵建之）

第Ⅱ部　稲井氏一族

第1章　位牌を読む

位牌は、徳島大空襲の戦火の中で、祖母始ヱがこれだけはと抱えていたものである。先祖を祀る家宝としての対象物であり、先祖を知る貴重な資料でもある。

位牌調査によって、初代から祖父までの当主が明らかになった。しかし、初代、二代、五代、七代の生年は、享年（数え年齢）が書かれていないために推定できなかった。

かつて家系図（厚さ十センチ以上。表紙は茶色、中身は和紙）があったというが、戦災で失ってしまった。檀那寺も何度か火災を起こし、旧稲井家に関する資料（過去帳）は無い。

さて、位牌に書かれた戒名は、本来生前に授戒を受けた者に授けられたもので、後世になると、授戒しなくとも葬儀の際に僧侶によって授けられるものとなった。僧侶が死者に極楽往生を願って授けるものが戒名である。しかし、戒名は、少なくとも我が家のものは、当人を知る貴重な手がかりになるものであった。戒名は僧侶の意志の決定による漢字の選択であるから、漢字一字一字に僧侶の抱く故人のイメージや斟酌や感情などが混じっていよう。故人の実相を少なからず反映しているものである。江戸期の寺院は、キリシタン禁令で始まった寺請証文（身分証明書）の発給や、宗門改帳の作成をする公的な戸籍事務機関を兼ねていたので、檀家の個人情報を正確に握っていたからである。
そこで戒名から位牌作成者（檀那寺の住職）の心理を読み解き、歴代の稲井家当主の人物像をデッサンしてみる。

稲井氏・歴代当主

初代 又右衛門――二代 諸平――三代 丞右衛門――四代 與一兵衛――五代 丈右衛門――六代 利三郎――七代 萬蔵――八代 静庵――九代 重蔵――十代 良衛――十一代 純一

1　稲井又右衛門

初代稲井又右衛門の戒名は「宗拵禅定門」で、寛永二十年九月二十六日（１６４３）没、享年不明である。

戒名の「宗」は、もと、分かれ出たもののもと、祖先、本家、おさ（長）、かしらなどといった意味である。「拵」は、我が国では、こしらえる、つくるという意味である。「禅定門」は仏門に入った在家の男子を表す言葉である。従って「宗拵禅定門」とは、芝原の地で稲井家を創始した長という意味で、又右衛門そのものでないか。統率力を持ち、開拓精神に満ちた心身共に逞しい人物であったであろう。

又右衛門は、何処より来たりしかは定かでないが、一族郎党を率いて芝原開墾のために住み着いたと高子が伝える。

芝原は「徳島藩領で、領主の蔵入地、十三人の藩士の知行地、慈光寺領であった。耕地は藍作が盛んな中等陸田」であった。(1)

「阿波に入国した藩祖蜂須賀家政（１５５８〜１６３８）は、旧来の土着権力から領地を召し上げ、家臣団のうち重臣を城近くに据え、禄の低い者は順次遠くへと配置し、町割りをして城下町を建設した。また領内の検地を実施して数ヶ村の平均収穫量を推定し、それに基づいて年貢の額を決めた。凶作の年でも改変しない定免《じょうめん》の法を採用した。二代至鎮（よししげ、１５８６～１６２０）の頃には人口調査をして、戸籍（棟付帳）を作らせて領地を掌握し、支配を固めていった。」(2)

また家政は「未開地の開拓を大いに奨励した。彼は何度か触れを出し、開拓者には約五年間を鍬下年季と定め、年貢を免除したり、作付け条件を緩めたりした。」(3)又右衛門もそうした趣旨の下で芝原へ来たのではないかと、一応考えておく。

「阿波では家政入国以前から葉藍栽培や藍染が行われていた。家政は吉野川流域の肥沃な土壌に着目して将来の経済性に期待し、旧領の播磨から藍の品種を取り寄せて品種改良させて栽培を奨励した。嫡男至鎮も父の跡を継ぎ、阿波藍の生産に力を注いだ。」(4)

「徳島藩の身分階層は複雑で、約二十七の階級に分かれていた」という。(5)稲井家がどの階層に属したかは分からない。又右衛門以後、稲井家は豪農として長く続いたところから、徳島藩領の領民としてなんらかの形で藩の保護に浴していたと考えられる。

入植した又右衛門は、一族郎党の区別のない複合大家族の形態を取り、雇用人や地元人とも相和して芝原の開墾に取り組んだことであろう。厳しい自然や疫病と闘いながら、葉藍のみならず、陸稲（米）、雑穀、野菜など、作物の栽培を幅広く手がけたと思われる。稲井氏の家紋は神社仏閣に多い「抱《いだ》き茗荷《みょうが》」である。

稲井家の家紋
（抱き茗荷）

2　稲井諸平

二代目稲井諸平は、戒名「圓月道汲禅定門」、寛永二十一年二月一日（１６４４）没で、父又右衛門と同じく享年が書かれていない。父の跡を追うようにわずか四ヶ月後に逝ってしまった。異常と言うしかない。取り残された家族は二人の大黒柱を失って大いに悲しみ、途方に暮れたことであろう。又右衛門と諸平の身に一体何があったのか。日々の過酷な労働に加え、様々な天災や疫病流行といった背景があったのではないか。

また後で考察したい。

さて、現在の威徳院のご住職（森藤栄信様）に諸平の戒名についてお尋ねしたところ、次のような回答をいただいた。

「圓月道汲禅定門」の「圓月」は、悟りの心、円な月に譬える。「道」は仏道を表わし、教えを汲み取り、円な悟りの姿になる。成って下さいとの想い。

ご住職が考える死者への願望、すなわち仏教的意図が滲み出た解釈である。戒名をつける際、一般に僧侶はそのように考えるのであろう。

筆者はこうした仏教的な意図を棚上げし、戒名から当時の住職の抱く生前の故人のイメージを探ってみた。

最初の「圓月」は丸く輝きを放つ月で、完成されておめでたい感じで、悟りの心を表しているのであろうが、満月は無常にもすぐ欠けていくので願望や憧れの気持ちが強く、不吉さが漂っていないか。平安時代の俗信であるが、『竹取物語』の中で、月を眺めるかぐや姫に対して、付き人が「月の顔見るは忌むこと」と制したことが書かれている。『源氏物語』でも「月見るは忌みはべるもの」と書かれている。

「道」は「導」と同じで、導くという意味があり、「汲」にも導くという意味があり、他に、ひっぱる、忙しい、励む、などの意味がある。従って、「道汲」は、一族を引っ張り統率するが、ゆとりなくあくせく汲々としたと解釈したい。

諸平は、家督を継いで家業に取り組むが、忙しくゆとりのないまま力及ばず慌ただしく亡くなってしまった不幸せな人物である。それ故に円な悟りの姿になって下さい、という切なる願いが籠められたのではないか。

位牌の裏は、漢字が崩し字で「所平の事」と書かれているが、初代の又右衛門の位牌は、「諸平の父」となっている。「所」か「諸」か分からない。慌ただしい状況の中で僧が同音故に名を書き誤ったのであろう。初代の位牌に従って「諸平」としておく。

「清室妙照禅定尼」は、戒名の照合性から諸平（「圓月道汲禅定門」）の妻であろう。延宝四年十月二十七日（１６７６）に他界したが、やはり享年が分からない。夫の死後三十二年経つから、比較的長生きした女性であろう。

３　稲井丞右衛門

三代目稲井丞右衛門の戒名は「鑭夢了渓信士」。元和十年（１６２４）生まれ、元禄七年四月十八日（１６９４）没、享年七十一歳である。三代目になってきちんと享年が書かれている所から、開墾初期と違い、家が落ち着いてきたのであろう。

戒名の「鑭」は金が光る様子。「夢」は儚いこの世のことである。丞右衛門の時代になって、家業が順調に回転し、家は繁栄に向かい、黄金期を迎えるに至ったのであろう。「了」は、「了悟」という仏教用語もあるように、「悟」とほぼ同じ意味で、おえる以外に、さとる、さとい、かしこい、明らかなどの意味がある。「鑭夢了」で、丞右衛門が築いた黄金の世は儚く終わってしまったというのであろう。また「渓」は谷で、「渓行」という熟語があるように、他界した時点での述懐で、屈曲した険しい長い人生であったという意味であろう。

諸平が父又右衛門の後を追うように早逝したので、二十一歳であった丞右衛門は、家督を継ぐことになり、大いに戸惑ったことであろう。しかし、己の使命を自覚し、勇気を奮って苦難に立ち向かい、賢明に対処したことであろう。

「寛永十二年（1635）から、徳島藩は藍の有利性に目をつけ、藍方役所を設けて藍の育成に乗り出した。」(1)

丞右衛門の代も先代に続いて藍作にも力を注ぎ、天候不順による凶作、疫病、大風雨、洪水、大地震など、様々な災害に出遭った。彼は状況を的確に把握し、賢明に振る舞い、幾度も危難を乗り越え、家を繁栄に導き、峡谷のように長い屈曲した厳しい人生を通り抜けたのであろう。

諸平没後、丞右衛門が家督を継いでから「慶安の御触書」（1649）が出た。それは「三十二か条あり、百姓に分かりやすく話しかけ、細部に渡って農民の心がけを説いている。幕府は、年貢徴収第一主義から農業経営の安定と農民の保護へと農民支配の方針の舵を切った。」(2)

寛文七年（1667）、丞右衛門四十四歳の時、「幻散禅定門」が他界したが、彼の子であろう。儚く散っていったようである。彼にはもう一人男子（與一兵衛四歳）がいて、後に丞右衛門の跡を継いだ。

三年後の「寛文十年（１６７０）の徳島藩の戸数は、五〇、〇一四戸、人口（夜間）は二四八、三七五人であった。今日（２０２０）の徳島県の人口の約七％で、現徳島市の人口とほぼ同じである。また、徳島城下は一万九千人弱（藩士などは除外）であった。」(3)さすれば、当時の芝原村は人口ごく僅かで、今と比べものにならない程、見晴らしがよかったであろう。

「寛文十三年六月（１６７３）、幕府は農地の分割相続に歯止めをかけるために『分地制限令』を出した。分割相続によって耕地が零細化することに対して歯止めを掛ける措置である。名主は二十石、一般農民は十石（一町歩）以上に限り認めるというものである。後に空洞化して、與一兵衛が六十歳近い頃の享保七年（１７２２）に再びそうした制限令が出た。」(4)稲井家は少なくとも地所一町歩以上の農家であったであろう。

「延宝六年（１６７８）の秋は、大風雨や大雨、洪水が特に酷かったであろう。七月十八日、大風雨により土佐（高知県）では家屋三千余戸、堤防八百間、船二十艘が、伊予（愛媛県）では家屋、堤防、塩浜などに大きな被害が出た。また、八月四日から六日まで、九州、中国、四国、近畿、東海にかけて大雨、洪水が襲い、各地に被害甚大をもたらした。」(5)そうでなくとも阿波吉野川沿いの芝原は、洪水が頻繁に起きて被害を出した一帯である。

貞享二年（1685）、丞右衛門六十二歳の時の「徳島城下の人口は、二万五百九十人で、寛文十年の時よりわずかに増えていた。」(6)「同年十二月十日、中国・四国に大地震が起きた。安芸では人家が倒壊し、死者が続出した。また伊予（愛媛県）の道後温泉が黄濁した。」(7)

「貞享四年（1687）に始まった将軍綱吉の『生類憐みの令』は多数の処罰者を出した。綱吉の死（1709）まで二十数年続くことになる。全国で麻疹、天然痘、流行性感冒、赤痢などが集団発生した時期であったが、元禄六年（1693）、そんな世相の反映か、馬が人語をしゃべったなどと江戸で流言が飛び交い、町奉行が大捜索した。馬は綱吉を揶揄したものと思われたのであろうか。綱吉は鷹狩りをも禁じたが、そのために江戸の鷹匠町（たかじょうまち）が小川町に、餌差町（えさしちょう）が富坂町と改名させられた。」(8)

丞右衛門が晩年になるに従って、人々が生きる上で何かと窮屈な世になっていったのは間違いない。元禄時代（１６８８〜１７０４）は、都市部で華やかな文化が花開いた時代であるとされるが、地方の百姓たちは、年貢や夫役《ぶえき》に苦しみ、農作業に追われ、日々苦闘の毎日であった。幕藩体制が整い、身分制度も固まっていった。丞右衛門は世の窮屈さと後継たちが生きることへの危惧を感じながら、與一兵衛に家督を譲ったことであろう。

丞右衛門の妻は「法室壽印信女」、元禄十二年七月十九日（１６９９）没である。夫の死後の五年後に他界した。夫を追慕し、信仰心が熱くて仏の加護めでたく、享年は分からないが、夫と同様に古希を迎えたであろう。

ところで、初代又右衛門（寛永二十年没、１６４３）から諸平の妻「清室妙照禅定尼」（延宝四年没、１６７６）までの四人の戒名は、語尾が男性「禅定門」、女性「禅定尼」となっている。ところが三代目丞右衛門以降は、男性「信士」、女性「信女」・「信尼」となっている。

「江戸時代初期にキリシタン禁制が敷かれ、各家はどこかの旦那寺（稲井家は真言宗威徳院）に属して宗門改帳に登録されなければならなかった。各家は仏教信徒である証を立てた。寺請（てらうけ）制度と言い、仏教の御用宗教化が進んでいった。」[9] それと同時に江戸期の身分制度も確立していったが、戒名の語尾の変化もそうした時期と重なっている。

4　稲井與一兵衛

四代目稲井與一兵衛は丞右衛門の子、戒名「帰岸道賢信士」、生年は寛文四年（1664）、元文元年十月十二日（1736）没、享年七十三歳。

戒名の「岸」は彼岸、あの世のこと。「帰」は元々あった場所に帰るという意味である。仏教の説く死とは逝くのではなく、元ある場所へ帰るということらしい。「道」は正しい道、導く、おさめるなどの意味がある。また人生という道でもあろう。分かりにくかったのは「賢」の字である。「賢」は、かしこい、まさる、たっとぶ、などの他、苦労するという別な意味がある。「苦労する」の意味に着目したい。

與一兵衛は、家内外の人々を統率する実直な当主であったが、不幸に見舞われ苦労し続けた人物であろう。辛い目に幾度も遭いながらも辛抱強く人生を乗り切った人物であると推測する。

妻は宝暦三年九月十四日（１７５３）没。戒名「貞岳妙松信女」で、女性として正しく生き、苦難を乗り越えながらも長生きした逞しい女性であろう。

女性の戒名には、貞、妙、壽といった文字をよく見掛ける。「貞」は貞節、女性が夫に尽くすという意味である。「妙」はこの上なく美しい、奥ゆかしいという意である。「壽」はいのち長し、いのち、健康を祝し喜びを祝うなどの意で、どれも女性らしい文字である。

時代が下るが、「寛政元年（１７８９）に老中松平定信が儒者達に編纂を命じた『孝義録』は、男女を問わず、全国の善行者を収めている。そこでは徳目を忠、孝、貞、出精などといった分類にしている。」(1)従って「貞」は、儒学的観点から当時の女性の鑑を意味した文字である。

與一兵衛に姉がいた。名は定かでないが、徳嶋銭屋太郎右衛門妻で、戒名は「風月妙雲信女」である。死没日は位牌の文字の掠れで読み取れなかった。何らかの理由で里帰りして亡くなったのであろう。出産を親里で迎える風習があるところから、彼女は里帰りしてお産で命を落としたのかも知れない。見目麗しい女性で、若くして虚しく逝ってしまった。嫁ぎ先の「銭屋」とは銭店とも言い、銭の売買交換を業とする小規模な両替商で、地方銀行といったところである。当時「農村では薬種や商業作物が栽培され、金肥を購入したりして、貨幣経済が農村にもすっかり浸透していた」からである。(2)

案の定、與一兵衛は数多くの子供を亡くしている。亡くした子は次の通りである。
①元禄六年九月二十一日（1693）、「於久米童女」没。
②元禄十四年九月十五日（1701）、「乙女童女」没。
③元禄十五年正月八日（1702）、「太郎四郎童子」没。
④宝永二年四月二十五日（1705）、「長次郎童子」没。
⑤宝永五年十一月一日（1708）、「八十之助童子」没。
⑥享保六年正月十二日（1721）、「梅覚智純信士」、亀治郎没。
⑦享保十九年七月十九日（1734）、「惠證霊」、内谷村唯右衛門妻没。享年三十四歳。
戒名に書かれていないが、於久米童女、八十之助童子も與一兵衛の子と思われるので、

右に挙げた。なんと多いことか。與一兵衛は人生の約四十年間で七人の子を次々に失っていった。その内五人は幼児である。幼児の死亡率が当時高かったとは言え、異常である。長次郎、八十之助、亀治郎*といった名前は長寿の願いが込められているが、親の名付けた名に虚しいものがある。

與一兵衛は子供を次々と失う不幸が続き、享保十八年七月十八日（１７３３）、丈右衛門の先室「智法妙性信女」が他界した。享年三十一歳の若さであった。娘の「惠證霊」が他界する前年である。

「惠證霊」は伯母の「風月妙雲信女」同様、里帰りしていて亡くなったのではないか。夫の唯右衛門がいた内谷村は、今の石井町内谷で、気延山の東山麓の谷川沿いの村である。

従って、父丞右衛門（１６２４〜１６９４）と母「法室壽印信女」（〜１６９９）、それに丈右衛門先室（１７０３〜１７３３）までを含めると、與一兵衛は彼の人生の中で身内の葬儀を少なくとも十回したことになる。いつなのかは定かではないが、姉まで加えると十一回になる。與一兵衛の時代は天災や疫病の流行などがとりわけ酷かったのであろう。そのことについて、また後で述べてみたい。
＊日本では「鶴は千年、亀は万年」という諺があって、「亀治郎」の「亀」は長寿を象徴する。「八十」も相当長い。「七十」は古稀と言って古来稀であるから、「八十」は百歳と変わらない。

5　稲井丈右衛門

五代目稲井丈右衛門は、利三郎の父、明和九年正月十九日（1772）没、享年は不明である。戒名は「到岸道泰信士」で、「泰」の字は様々な意味があるが、安らか、落ち着いている、のびのびしている、などの意であるから、彼は普段から落ち着いていて謙虚で穏やかな人だったのであろう。先代與一兵衛の「帰岸道賢信士」と対照的な戒名である。

と言っても、誰しも人生には苦労が付きもので、丈右衛門とてのんびりした人生を送った訳ではない。丈右衛門が家督を継いだのは、先代與一兵衛の子亀治郎が他界（1

７２１）したからであろう。
当主で享年が不明なのは、これまで初代又右衛門、二代目諸平、そしてこの丈右衛門である。又右衛門、諸平は、芝原入植の頃の他界で、家内の個人情報が整わなかったためではないかと思われるが、丈右衛門の場合はどうしたことであろうか。男子は家業に専念して個人情報を握る女性たちが存在していなかったためであろうか。情報不足がなんとも不思議である。

丈右衛門は先室を失くした後、後室「貞孝慈顕信女」を迎えたが、母「貞岳妙松信女」（～１７５３）が他界した三年後の宝暦六年十一月二十九日（１７５６）に、またもや彼より先に逝ってしまった。子の利三郎、時に七歳であった。

母と後室の戒名にも面白い対照性がみられる。どちらの戒名も付けた住職が同一人で、二人の人格の違いを念頭に付けたためであろう。母は辛くて長い人生を気丈に生きた人物で、妻は母や夫によく仕えた心根の優しい人物であったと考えられる。嫁姑の仲もよかったのではあるまいか。

丈右衛門の年齢は不明であるが、晩年は古稀（七十歳）を悠に越えていたであろう。

最初の妻が三十一歳で他界して、それから約四十年後に彼が他界したからである。

　余談になるが、丈右衛門までの当主たちの名前は、語尾が「右衛門」「兵衛」となっていて、子供たちの名とは明らかに異なっている。又右衛門、丞右衛門、與一兵衛、丈右衛門は、いかにも成人らしい。一方、子供たちは太郎四郎、長次郎、八十之助、亀治郎、熊吉、亦次郎、周吉、熊弥などで、いかにも子供らしい。昔の男性は、成人になると役人に届け出て、改名することがあった。

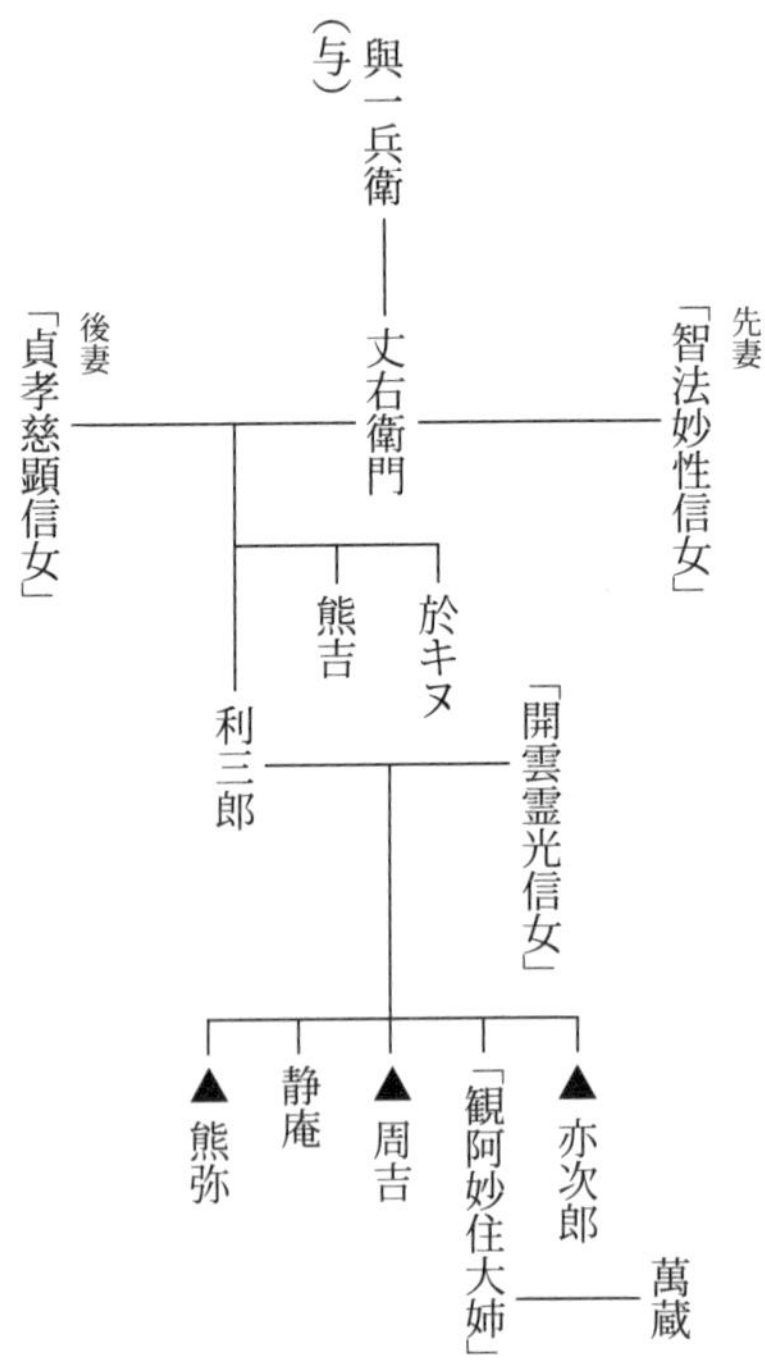

6　稲井利三郎

六代目稲井利三郎は、父丈右衛門、母「貞孝慈顕信女」、寛延三年（１７５０）生まれ、文政十年三月二日（１８２７）没、享年七十八歳である。

彼の戒名は「徳而理等信士」で、「徳」は正しくて立派な品性を意味し、行動でしか得られないものである。「理」は、名の一部「利」を同音の「理」としたのであろう。「理」は物事の道理、筋道などを意味し、学問（儒学）でしか得られないものである。従って「徳而理等」とは、行動に立派な品性を備え、教養があって筋道の通った正しい道を歩んだ人物であろうか。稲井静庵という立派な女性医師を育てた人物にふさわしい戒名である。

妻「開雲霊光信女」は、明和三年（１７６６）生まれ、嘉永三年四月二十九日（１８５０）没、享年八十五歳である。長寿と運に恵まれた人物に相応しい戒名である。墓誌に「静庵乃ち老母を泰んじ、之を養い」とあるが、「老母」とは彼女のことである。

利三郎は母を七歳の時に亡くし、寂しい少年時代を過ごしたであろう。兄や姉を頼りにしていたと思われる。しかし兄は明和元年八月一日（１７６４）に他界してしまう。兄の戒名は「教念信士」で、「教」は仏の教えとも、父の教えとも取れる。「念」は仏教用語で極めて短い時間という意味がある。また二十という意味もあるから、父の期待を集めながら二十歳で他界した人物ではないか。「教念信士」が他界した時、利三郎は十五歳であったから、二人は五歳違いの兄弟だったのではないか。

兄「教念信士」が亡くなった七年後の明和九年一月（１７７２）、父丈右衛門が他界した。利三郎は二十三歳であった。家督を継いだものの未婚で、なんとも心細かったであろう。

利三郎の姉は於キヌである。彼女は天明四年四月三日（１７８４）に他界した。利三郎三十五歳の時で、妻（「開雲霊光信女」）が十九歳であったから、その前後に利三郎は結婚したのではないか。

利三郎も與一兵衛と同様の不幸に見舞われた。長男の亦次郎が七歳（～１７９７）、周吉が五歳（～１８０３）、熊弥が四歳（～１８０５）で死んでしまう。稲井家に後継ぎがいなくなってしまった。亦次郎と同年生まれと思われる長女「観阿妙住大姉」（１

791〜）と次女静庵（1800〜）の二人だけになってしまった。墓誌に「是より先、利三郎に男無し。」とあるのはそのためである。そこで高畠村の萬蔵を養子に迎えて、長女「観阿妙住大姉」に娶せた。

7　稲井萬蔵

稲井萬蔵は第七代当主。生没年不明である。彼については謎が多い。

位牌に「琢道良貫信士、明24年、稲井萬蔵（アラビア数字のまま）」と記されている。戒名の「琢」は徳・技などをみがく意であるから、萬蔵は徳を磨き、最後までいい人物だったということになる。墓誌には、「放蕩無頼で、そのために家がほとんど破産した」とある。墓誌と戒名とは記述内容が正反対である。どうしたものか。

位牌に書かれた「明24年」は「明治二十四年」としか考えられないが、萬蔵の没年でないのは明らかである。明治二十四年は良衛の母の一周忌に当たる。その年に萬蔵も追善供養され、良衛によって位牌が書き加えられたと考える。萬蔵は稲井家当主であったにもかかわらず、何らかの理由で長らく存在が隠蔽されていたのであろう。そのことについては後でまた考察する。

妻の「観阿妙住大姉」は、静庵より九つ年上の姉妹で、寛政三年（1791）生まれ、天保十三年十月十八日（1842）没、享年五十二歳である。若死にというわけではないが、母に先立って他界し、苦労をして子にも恵まれなかったらしい。見目美しく穏やかで、夫によく支え、家事に勤しみ、静庵の手足にもなったと思われる。静庵とは格別仲が良かったに違いない。

8　稲井静庵

稲井静庵は、利三郎の次女、明治十五年九月二十六日（1882）没、享年八十三歳*である。生まれは寛政十二年（1800）と推定する。墓誌に「官使静庵続其家」とあるから、八代目の当主としておく。家に治療所を開いた女性の医師で、名医七条文堂の門人である。

戒名は「練性院静菴壽榮大姉」。院号（「練性院」）が付いているが、彼女に先立って他界した重蔵に院号が付けられていて、それに続いた形である。百姓、町人の院号は従来禁じられていたが、明治時代になって一般庶民も可能になった。

戒名の「練」は鍛える、みがくの意。「性」は心、精神の意。「壽」はことぶき、いのち、長寿である。「榮」は栄える。従って彼女は、精神と技を磨き練り、医師として名をなし、家督を継いで家を栄えさせた長寿の人物というのであろう。

彼女は、十五歳で医の道に入り、二十二歳で業成り、静庵と号して家にあって治療をした。専門は内科、産科、整骨術である。女性たちの信頼厚く、評判がよく遠近問わず治療を乞う者が多かった。往診の際、丁髷を結い、帯刀して馬に乗るという特異な出立ちで、「芝原の化け医者」と呼ばれた。不幸なことに医術の技が進むに従って視力が衰え、失明してしまった。それでも医師を続け、挫けなかった。

家にあっては萬蔵に代わって家督を継ぎ、老母を養い、萬蔵が抱えた負債を尽く返済した。一生独身を通したため、母方の宮本家から従弟の重蔵を、また加藤家から加藤常次郎の長女ツネを夫婦養子に迎え、三人で力を合わせて家を再興した。それで彼女は

「稲井家中興の人」と呼ばれている。
＊静庵墓誌を揮毫した新居敦は、当時徳島中学校校長で教育家であったので、満年齢を推奨する立場であったが、静庵についても、当時の習慣に従って数え年齢とする。数え年齢は民間で長らく使用され、第二次世界大戦後も高齢者の中で使用されていたのを筆者は知っている。

9　稲井重蔵

九代目稲井重蔵は「徳光院宗淳永應居士」、文化十三年（1816）生まれ、明治三年三月五日（1870）没、享年五十五歳である。

戒名に「宗」があるのは、初代又右衛門以来のことである。「宗」は、もと、分かれ出たもののもと、おさ（長）、かしら（頭）、などの意。稲井家は静庵の代で血統が途絶え、従弟の重蔵から新たな家が始まったから、重蔵に「宗」が付いている。次に「淳」は、素直、かざりけのない、の意。「應」は、引き受ける、承知する、従うなどの意である。従って、彼は困窮していた家を快く引き受け、淳朴な性格で、義母静庵と苦労を共にして家を再興した功績ある当主ということになろう。

重蔵は母方宮本氏の出身で、後継者が絶えた稲井家の養子となり、家督を継いだ。静庵と力を合わせて、忍耐強く地道に家業に励み、稲井家を見事に復興させた。明治三年三月五日、五十五歳で静庵に先立ってしまった。今日の稲井家は、重蔵あっての稲井家であるから、院号が「徳光院」とあるように、彼の恩徳は輝かしく誠に大である。

重蔵の妻はツネ、「澄月院法粲智海大姉」、加藤常次郎（国府町和田村）の長女、文政六年四月一日（１８２３）生まれ、明治二十三年十月五日（１８９０）没、享年六十八歳である。夫に先立たれて、仏に仕えたから信仰心が厚く、家族に敬われていたのであろう。それが表れている戒名である。また夫重蔵が太陽なら、妻ツネは月といったところで、夫婦の絆が強かったのであろう。

重蔵の子には、スマ（良衛の姉、「釋尼妙蓮信女」、溝渕谷蔵室）、良衛、助三郎（良衛弟、「泊萩童子」）がいた。スマは溝渕家に嫁いだ後、何らかの理由で溝渕家から里帰りして来たようである。夫に先立たれて出家したのであろうか。そんな感じの戒名である。大正元年十一月十五日（1912）に他界した。助三郎は明治二年八月二十九日（1869）に十一歳で亡くなった。戒名は「泊萩童子」で、季節感が滲み出ている。落葉低木の萩は、冬期に枝が枯れるものであり、助三郎は秋まで留まって亡くなったというのであろう。何らかの病で亡くなったのではないか。重蔵にはもう一人他家に嫁いだ女子（良衛妹）がいたようである。そのことについては後で述べる。

10　稲井良衛

十代目稲井良衛は、重蔵子、「秀徳院温厚浄心居士」、安政二年十月四日（1855）生まれ、明治三十四年十二月十三日（1901）没、享年四十六歳（以後満年齢）である。徳島医学校等で医学を学んだ名東郡開業医。二男七女。

戒名は、徳に秀で、温厚で心清らかな人物といった意味合いである。彼の写真を見ても、穏やかそうな人物である。

妻はキクノ、「貞徳院温良妙心大姉」、安政五年八月十日（1858）生まれ、大正十一年五月二十六日（1922）没、享年六十三歳。良衛二十一歳の時、明治十年四月（1877）に入籍。名西郡西覚円村の郭野禎蔵の長女。戒名は、貞節の人で夫に尽くし、善良で温かく、綺麗な心の持ち主といった意味合いである。夫と息の合った人物であったようである。

キクノの父の郭野禎蔵は、「明治二十一年七月九日（1888）に吉野川洪水が起き、治水改修工事半ばの西覚円村の堤防が決壊して被害を被った。」(1)そこで良衛の招きに応じて、家族揃って芝原に引っ越してきた。西覚円村と東覚円村は第十の上手にある吉野川の中洲の村である。

良衛の子には、除籍謄本から長男純一、次女ヌイ、三女ラク、四女ユキノ、五女シゲリ、六女信子、七女千代子（享年三歳）、次男正一がいた。また、位牌から長女マサノ（享年一歳）がいたことが分かる。今は少子化の時代であるが、昔はどの家も子沢山で、その傾向は第二次世界大戦後まで続いた。

11　稲井純一

十一代目稲井純一は「寶純院賢道浄学居士」、明治十三年十月十八日（1880）生まれ、大正十三年十一月九日（1924）没、享年四十四歳である。徳島中学校、岡山高等学校、熊本医学専門学校卒業。稲井医院を開業。西洋医。二男三女。

戒名から読み取れるのは、学問をひたすら積んで、西洋医として村の宝であったが、不幸なことに家族を残して早逝してしまった人物というのである。

純一が父良衛から家督を継いだのは、岡山高等学校を卒業した翌年（明治三十四年、1901）で、熊本医学専門学校に入学した年のこと。大黒柱を失い、学資を工面するために稲井家の地所を売却しなければならなかった。それだけではない。医師開業後も、妻子のみならず、四人の妹や一人の弟がいて、大家族を養っていた。それまでの稲井家は、南北に地所が広がっていて、威徳院前の道を挟んだ南にも土地があったという。江戸期は土地の売却が禁じられていたが、「明治五年（1872）に地所の永代売買禁止が解かれた。」(1)その甲斐あって、純一は医専を卒業して医師になれた。また、妹たちは嫁入り道具を揃えてそれぞれの嫁ぎ先へ嫁に行った。

純一の医師の期間は十数年程度であった。腹膜炎に罹り、大正十三年十一月九日午後四時、人力車で佐古町の鈴江病院へ向かう途中で死亡した。父より二年早く逝ってしまった。翌年の春、稲井家の桜並木の花がハラハラと悲しみの涙を落とした。父子二代にわたる不幸で、純一の戒名にも「賢」の文字を見るのは與一兵衛以来である。

純一の死因の腹膜炎は後に遺伝的なものとなって、娘高子も二男一女を儲けた後、父親とほぼ同年齢で腹膜炎を起こした。しかし彼女の場合は、昭和三十年代半ば（１９６０頃）のことで、抗生物質ペニシリンのお陰で一命を取り止め、七十九歳まで生き長らえた。「イギリスで病理学者フローリーと生化学者チェインらによってペニシリンが再発見され、実用化に至ったのは一九四〇年のこと」で、(2)彼女は、最初にペニシリンを発見したフレミングと、それに続く世界の人々の研究成果のお陰で一命をとりとめた。父と娘の約四十年間の歳月の隔たりが、父と娘の生死を分けたのである。

純一死亡により長男唯良が家督を継いだ。唯良は十歳、高子は六歳の誕生日の直前であった。

純一の一周忌（稲井一族集まる）
・前列左から、文子、高子、勝海、田中の子、田中静子（嵯峨山静子）、犬伏の子、犬伏の子
・二列目左から、唯良、始ヱと八重子（赤ん坊）、犬伏の子、田中シゲリ、犬伏ラク、さつきさん（お手伝いさん）
・後列左から、犬伏太郎（犬伏家長男）、郭野正一（純一弟）

妻の始ヱ（もとゑ）は、「普照妙榮信女」、明治二十六年一月二日（１８９３）生まれ、昭和二十四年十月三十日（１９４９）没、享年五十六歳である。若い頃は目が大きく、背がすらりとして高く、歩く姿は百合の花といった村一番の美人であったらしい。婚約者が既にいたが、純一との縁談が舞い込み、純一を夫に選んだという。しかし、純一が早逝したので医家に嫁いだことを相当悔やんだらしい。彼女のその後の人生は苦労

の連続で、夫の死、一家の離散、娘たちとの侘び住まい、徳島大空襲といった具合である。戦後の彼女は、大阪にいた長男唯良を頼って晩年を過ごした。時代と環境が夫からはるか遠くへ隔ててしまった。彼女の戒名が夫の戒名と不均衡で整合性がないのはそのためである。始ヱが亡くなる直前の筆者の思い出を次に述べる。

＊

昭和二十四年（１９４９）の秋頃だったか、四歳だった私は、母高子に連れられて、伯父のいる大阪へ行った。なぜ行くのか分からなかった。ただ未知の都会へ行けるから何となくウキウキしていた。南末広町（徳島市）の港を出港した客船の中で、母子は寝苦しい夜を明かした。夜明け頃神戸港で一時寄港した船は、やっと天保山（大阪）の港に着いた。船から桟橋を渡って街に出て、親子はしばらく歩いた。青々とした水面が広がった渡し場があった。伯父の家は向こう岸らしい。ぎっしりと満員になった渡し船は、揺れながらエンジン音を唸らせ、なかなか到着しなかった。

伯父の家に着くと、私は早速従兄弟からスケーターを借りて、住宅地の空き地を走り回った。

家の二階の窓がガラリと開いた。伯母に助けられて祖母が窓から首を突き出した。見覚えのある大きな目をますます大きくしてこちらを見ていた。

「おばあちゃん。」

私はそう叫んでまた広場を走り回った。スケーターを上手に操る元気な姿を祖母に見てもらいたかった。彼女はじっと私を見続けていたようである。しばらくして祖母のところへ戻って来ると、ピッシャリと窓が閉まった。

後になって、あの時祖母のいる二階から遠のくべきではなかったという後悔の念を抱いた。死を覚悟していたであろう彼女は、孫の顔を目に焼き付けておこうとしていたに違いなかった。

彼女は、徳島市のB‐29の空襲（昭和二十年、1945）の中で、母高子や母に抱えられた赤子の私と命辛々逃げたことや、昨年（1948）の冬は、一人で大阪から海を渡って徳島に行き、徳島駅で汽車に乗り、美馬郡の半田駅で降りて、そこから川沿いの山里（美馬郡八千代村）をとぼとぼと徒歩で行き、父の駐在所に辿り着き、しばらく稲井家で孫の私と過ごしたことなどを思い返していたことであろう。

第2章　墓地

畑中にあった稲井家の墓地（高子）

稲井家先祖の墓は、芝原の威徳院境内とその北側にある道路脇の二箇所である。

初代又右衛門以外の初期のものは、威徳院境内にある。初代又右衛門と四代目與一兵衛、そして五代目丈右衛門以降のものは、道路脇の墓地にある。

道路脇のものは、かつて個々の場所にあったが、畑中の一箇所（現在の位置の北に当たる）に集められた。ところがそこの畑地が他人所有になり、墓地に通じていた小道も鋤かれてしまったことから、現在の道路脇に移された。筆者の幼少の頃、母高子は水を張った他人所有の水田に足を踏み入れて墓参していた。

1　威徳院境内

(1)　周辺の俯瞰

江戸以前の威徳院の境内の周辺は、元々どのような土地柄であったろうか。歴史的に俯瞰してみる。

芝原は古来国府（阿波の旧都）から撫養（鳴門市）の港や讃岐（香川県）方面へ向かう街道付近に当たっていた。昔は巡礼や旅人の往来をよく見かけたであろう。

「文治元年二月十九日（1185）、源義経（1159〜1189）*が讃岐の屋島で平氏を破って」時代の趨勢を決めた。[1]芝原は彼がその屋島に至ったそのルート上にある。「義経一行は徳島市の南部に上陸し、一宮（徳島市）を通り、鮎喰川を渡って国府町観音寺の舌洗池（したらいのいけ）に立ち寄り、芝原の街道を北上し、芝原天満の榎ノ木神社（現在は無い）に立ち寄り、樹高約三〇メートルの大榎に源氏の白旗を掲げて戦勝祈願をした。さらに黒田から中富川を越え、住吉神社（板野郡藍住町）で祈願をして板野郡大寺に入った。更に大坂峠を越えて高松（香川県）に向かった。」(2)

威徳院境内の東側に県指定有形文化財の板碑**が二基ある。そのうち「元々存在していた一基は基部が土柱に埋没している。貞和三年（１３４７）のもので、約三十二名の結衆が浄財を出し合って建立したものである。地上高一九二センチメートル、上幅七二・六センチメートル、下幅七五・五センチメートル、厚さ一七センチメートルの緑泥片岩の板碑である。建立の中心人物は定かでないが、平宗安と伝えられている。」(3)貞和の年号は南北朝時代の北朝側の年号である。

貞和三年と言えば、「阿波国内でも南朝と北朝の対立が続いていた。北朝側の細川氏が吉野川流域の平野部を抑えて勢力を伸ばし、阿波の守護大名としての地位を確立させようとした」時期である。(4)従って、威徳院の板碑は、細川氏の支配地域の人々が阿弥陀の慈悲を願って生前に建立したものであろう。国府町で板碑は道の至る所でよく見掛ける。当時の世情不安を象徴する遺物である。

威徳院境内から道を挟んだ東隣に蔵珠院がある。そこは芝原城跡である。「芝原城主は久米安芸守義弘（天文二十二年没、１５５３）である。彼は主君細川氏を下克上で滅した女婿の三好義隆に戦いを挑み、中富川を挟んで合戦をした。少数ながら最後まで奮戦し、黒田鑓場（国府町東黒田）で壮絶な最期を遂げた。残る城兵も悉く討ち死にをした」という。(5)威徳院付近は、かつて芝原城があって、凄惨な戦闘が繰り広げられた古戦場である。

その後、土佐（高知県）の長宗我部元親が阿波国に侵入してきた。「天正六年（１５７８）に長雨が降り続いて凶作となり、翌年は吉野川に大洪水が起き、翌々年は疫病が流行して飢饉が続いた。餓死者が満ち、世が荒んで白昼強盗が横行し、阿波方の将士までもが乱暴狼藉を働いたので、庶民は困り果てた。長宗我部元親は阿波国内の城を次々に攻め落とし、天正十年八月（１５８２）、阿波屋形の勝瑞城（城主は三好長治の弟、十河存保、そごうまさやす）に迫った。中富川の決戦で、長宗我部軍が勝瑞方の十河軍を討って勝敗を決め、勝瑞城を占拠した。」(6)その後、「長宗我部氏が阿波国を三年間支配した。」(7)

蜂須賀藩政期の初め頃、徳島市を流れていた別宮川と吉野川とを繋ぐ藩の運河掘削事

東黒田鑓場（吉野川堤防沿い）

業が行われた。皮肉にもそれが大きな災いをもたらした。別宮川が大河に発展して吉野川の本流と化し、第十下流の旧吉野川には水が流れなくなった。また、「新吉野川の誕生で北井上の土地の一部が水没してしまった。東黒田村の集落を飲み込んだので、藩は村に補償した」という。(8)

吉野川は元々石井町の第十で北へ曲がって流れていた。全国三大暴れ川の一で、別名四国三郎と呼ばれた。また「神宮入江川の流れも強かった。神宮入江川は、吉野川の本流と江川の一脈を合わせ、東覚円の南、高畑の中部を東流し、芝原で迂回北上して第十で吉野川に注いでいた。」(9) また石井町方面から芝原へと流れる飯尾《いのお》川も溢水を繰り返した川である。芝原は徳島平野の洪水地帯のまっ只中にあった。

＊源義経は、平安後期から鎌倉初期にかけての武将で、日本では最も有名な武将の一人。父義

朝が平氏に敗れ、母や兄たちと共に捕えられ、京都の鞍馬寺に預けられて成長した。鞍馬山を下山し、元服して九郎義経と名乗り、奥州の藤原秀衡の庇護を受け、後に兄と共に源氏再興のために平氏と戦って勝利に貢献した。歌舞伎や映画によく取り上げられる人物である。
＊＊板碑は、「鎌倉時代から戦国時代にかけての緑泥片岩の供養碑で、庶民が生前に阿弥陀の慈悲におすがりして後世の幸せを祈る（逆修・ギャクシュという）目的で造られた。大勢の結衆のものから少数単独のものまである。五輪塔を造った上流階級のものと違って、一般庶民に広く浸透した供養碑である。徳島県は関東（東京都、埼玉県）と並んで板碑が多く、吉野川下流域を中心に全県下に存在する。確認されたものは約二〇〇〇余基に上り、その内国府町を中心にしたものが約五〇〇基ある。」(10)

(2)　稲井家の墓

威徳院境内には、「稲井家先祖之墓」とそれに並んだ五輪塔三基、他に六基の墓が一堂に集められている。「稲井家先祖之墓」は純一建立の寄せ墓で、以前はそれとその両脇にあった五輪塔二基のみが墓参対象であった。

昭和六十三年（１９８８）に筆者が境内を探索した結果、「稲井家先祖之墓」付近の他に稲井家の墓が少なからず散在するのを発見した。それでそれらを「稲井家先祖之墓」の下に集めた。

筆者は子供の頃、母に連れられて毎年一度の墓参りをした。境内の墓地は辺り一帯荒れていて、雑草が伸び放題であった。そんな中、角形の大きな墓石が横たわっているのが目に付いた。その大きさ、立派さに奇異を抱きつつも、墓参のたびにやり過ごした。それが我が家のもの（三代目稲井丞右衛門）とはつゆ知らなかった。

古くは稲井家の墓は境内のあちこちに自由に建てられていたと思われる。それがいつの頃からか、放置されて大半が無縁仏になってしまった。境内の荒廃は、大洪水（慶応二年の大洪水、寅年の洪水など）の被害か、あるいは維新後の宗教改革（廃仏毀釈）のせいであろうか。大正時代（１９１２～１９２６）になって、純一が先祖の墓の散乱に気づき、我が家のものを「稲井家先祖之墓」として一基にまとめた。しかし、同じ数程の見逃しがあった。

筆者が発見した最も古いものは、二代目稲井諸平の五輪塔で、境内の南寄り中央に建っていた。次いで古いものは、「稲井家先祖之墓」の両脇にあった諸平の妻（「清室妙照禅定尼」）と丞右衛門子（「幻散禅定門」）の二基である。幼少の頃に見かけた大きな角形の墓石は、稲井家三代目丞右衛門（元禄七年、１６９４）のものであった。

誰のものか調査確認出来た九基を時代順に挙げる。
①諸平（「圓月道汲禅定門」、寛永二十一年、１６４４）
②丞右衛門子（「幻散禅定門」、寛文七年、１６６７）
③諸平妻（「清室妙照禅定尼」、延宝四年、１６７６）
④於久米（與一兵衛女、元禄六年、１６９３）
⑤丞右衛門（「鐗夢了渓信士」、元禄七年、１６９４）
⑥太郎四郎（與一兵衛子、元禄十五年、１７０２）
⑦長次郎（與一兵衛子、宝永二年、１７０５）
⑧亀治郎（與一兵衛子、「梅覚智純信士」、享保六年、１７２１）
⑨丈右衛門母（「貞岳妙松信女」、宝暦三年、１７５３）
以上である。

四代目稲井與一兵衛の墓（１７３６）は畑地の方にありながら、彼の妻「貞岳妙松信女」の墓が境内にあるのは、多くの亡き子供たちの近くに身を埋めたいという「貞岳妙松信女」の母心であろう。

位牌がありながら両墓地に見当たらない墓が六基ある。その内の四基は「稲井家先祖之墓」に含まれていると考えたい。その四基とは、
①「法室壽印信女」（丞右衛門妻、元禄十二年、１６９９）
②「風月妙雲信女」（與一兵衛姉、徳嶋銭屋太郎右衛門妻、？）
③「智法妙性信女」（丈右衛門先室、享保十八年、１７３３）
④「惠證霊」（與一兵衛娘、享保十九年、１７３４）
である。どれも與一兵衛生前の女性たちのものである。比較的立派な墓であったと思われる。大正時代の純一はそれらを「稲井家先祖之墓」として一つに合わせたのではなかろうか。

他の所在不明の二基は、萬蔵と八十之助（與一兵衛の子、宝永五年、１７０８）である。八十之助は境内と思われたが、発見できなかった。萬蔵が何処にもないのは特別な

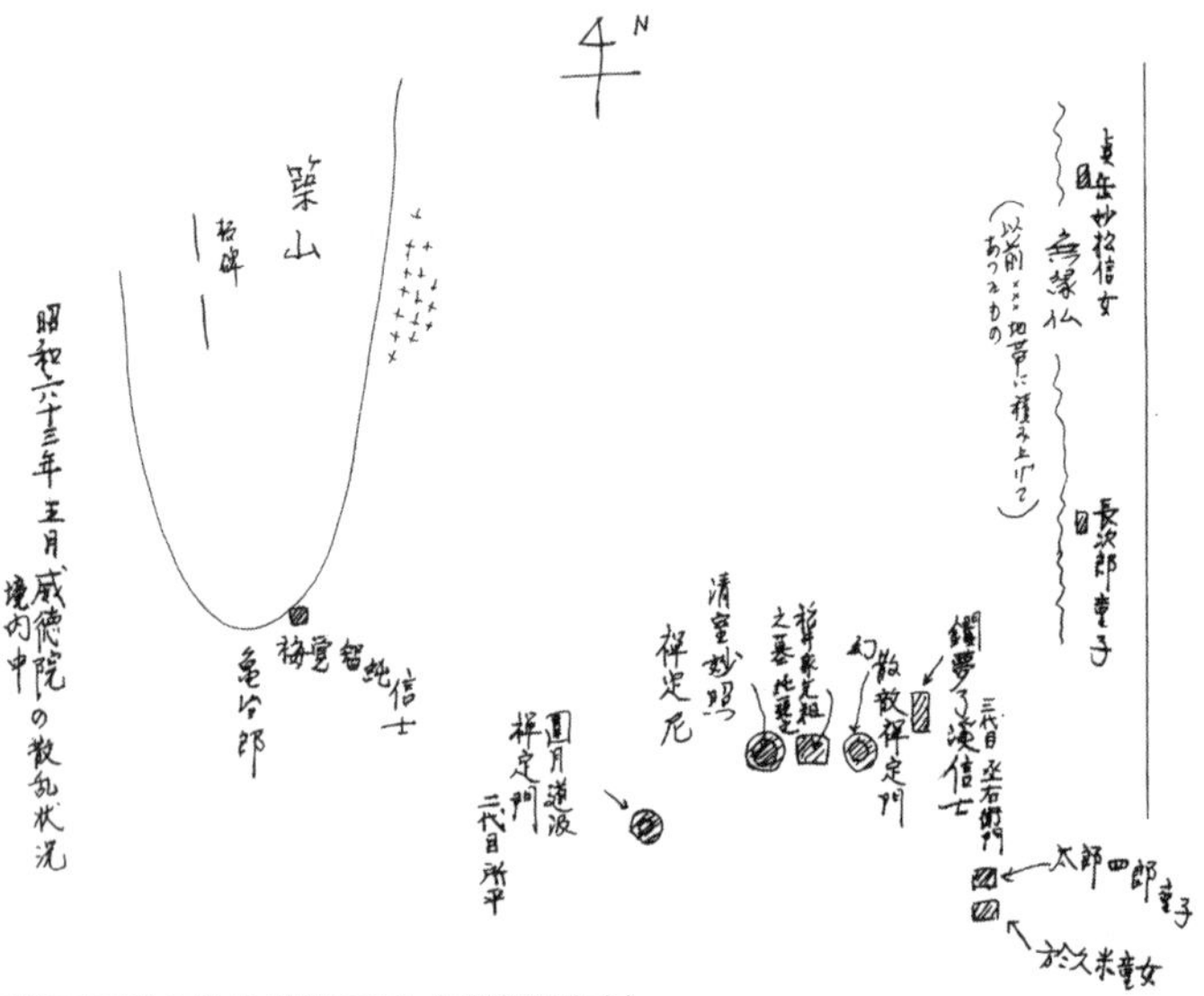

稲井家の墓の散乱状況の図（威徳院境内）

理由があるように思われる。

境内の稲井家の墓は、諸平以降のものと與一兵衛の家族の墓とであって、「稲井家先祖之墓」、「清室妙照禅定尼」、「幻散禅定門」以外は、境内のあちこちに散在していた。

2　道端の墓地

(1)　状況

用水路沿いに長方区画の墓地がある。以前畑中にあったものである。初代又右衛門の五輪塔を中心に都合二十四基が所狭しと並んでいる。道端から見て、前列左から右へ「観阿妙住大姉」（静庵姉）、静庵、重蔵夫妻、「稲井家之墓」、「稲井家累代之墓」が順に並んでいる。右端「稲井家累代之墓」は純一が建てた合同墓で、良衛やキクノや純一や始ヱや次男（一雄弟）らが眠っている。左隣の新しい「稲井家之墓」は平成になって加えた合同墓で、貢と高子とが眠っている。

「稲井家累代之墓」は傷みが酷くなってしまった。純一がそれを建てた時、彼は「僕もいずれここへ入るのだろうなあ。」と漏らしたという。「つひにゆく道とはかねて聞きしかどきのふけふとはおもはざりしを」（在原業平、『古今和歌集』）の歌を彷彿とさせる逸話である。

初代稲井又右衛門の墓

墓地に他家のものが混じっているようである。「観月智光信女」（加納貞次妻）がそれである。

他に小さなもので、以前は初代又右衛門が引き連れてきたとされる十数基の墓があった。しかし現在は一基だけになっている。道端に墓が移された時、一基だけを残して代表させ、他は墓地の基盤に埋め込まれたという。残された一基に限って言えば、施主が「稲井丈右衛門」となっていて、初期のものではない。

芝原の墓地はかつて大阪の稲井唯良（十二代目当主、故人）氏の管理であったが、話し合いで筆者に管理が託された。唯良氏は分骨式を行って、「稲井家累代之墓」の遺骨の一部を大阪方面の新墓地に持ち帰り移した。

⑵　與一兵衛の墓

四代目與一兵衛の墓石は傷みが最も酷く、表面がすっかり剥がれて、誰のものかも分からない状態である。

ある日、筆者は墓石文字の読み取りの試みを中断して、ぼんやりとその墓石の表面を眺めていた。すると、「岸」「賢」「信士」の文字が陽炎のように浮かんできた。それでそれが與一兵衛のものであることが判明した。側面は「施主梶浦安左衛門」と書かれている。梶浦安左衛門とは一体何者か。

與一兵衛は「帰岸道賢信士」、寛文四年（１６６４）生まれ、元文元年十月十二日

（１７３６）没、享年七十三歳である。当時としては長生きであるが、彼は何度も不幸に出遭っていて、亡くした子供の数があまりにも多い。幼児の死亡率が高かったとしても異常である。三十歳から七十一歳までの約四十年間に悲しい家族との別れを少なくとも十回経験した。それには何か原因があったはずである。みすぼらしい墓を見ていると、哀れで余計にそんな思いが募る。そのことについて後で考察したい。

(3)　「教念信士」

利三郎の兄であった「教念信士」（明和元年八月朔日、１７６４没）の墓石に名（俗名）が書かれていない。位牌にも書かれていない。しかし名は「熊吉」ではないか。同墓地の丈右衛門後室（「貞孝慈顕信女」、宝暦六年十一月二十九日、１７５６没）の墓石に「熊吉、利三郎母」とあるからである。

利三郎の母が亡くなった時、利三郎はまだ七歳であった。だから姉の於キヌや兄の熊吉を慕っていたと思われる。しかし熊吉は利三郎が十五歳の時に亡くなってしまった。熊吉は享年二十歳であったと考えられる。利三郎は思いがけず稲井家の後継者となってしまった。

「貞孝慈顕信女」の墓石（利三郎、熊吉の母）

⑷　萬蔵の墓の行方

七代目稲井萬蔵は謎が多い。位牌の記述は簡略化されていて、生没年が分からない。そればかりか、墓が何処にも見当たらない、
萬蔵の名が見られる墓石が三基ある。それらから彼について何らかの手がかりを掴みたい。
利三郎（「徳而理等信士」、1827没）の墓に「萬蔵養父」と記されている。また

於キヌの墓（稲井理（利）三郎姉、施主同姓萬蔵）

「観阿妙住大姉」（静庵姉、1842没）の墓に「第七世萬蔵室」とあった。

「開雲霊光信女」（利三郎の妻、1850没）の墓になると、施主が「静庵」となっている。静庵の母が亡くなる頃には、萬蔵から静庵に家督が移っていたのであろう。静庵墓誌に「官使静庵続其家。静庵乃泰老母養之、又為萬蔵盡償其債。」とある。

萬蔵の名が見られる三つ目の墓は、於キヌ（「一了妙喜信尼」）の墓である。それには「俗名於キン、稲井理三郎姉、施主同姓萬蔵」（「於キン」、「理三郎」は表記のまま。）とある。没年は「天明四甲辰年四月三日、」（1784）とあり、墓石、位牌共に記述が一致する。しかしそれがまた謎なのである。利三郎三十五歳の時で、利三郎の長女、すなわち萬蔵の妻がまだ生まれていなかった時期であり、なぜ於キヌの墓の施主が萬蔵なのか。そのことについても後で考察する。

第Ⅲ部　更なる考察

第1章　開墾初期

1　姓の由来

先祖が稲井姓を名乗ったのは、近くに「稲」と「井戸」があったからだと高子から聞いた。「稲井」は初代又右衛門が芝原の地で新たに名乗った姓であるというのである。「芝原」の「芝」は本来茂草の意で、イネ科の多年草、雑草のことである。芝原とは背の高い雑草に覆われた原野という意味である。「稲井」の「稲」はそこからの発想であろうか。もっとも、稲は農事の主要目的であるところから、「稲」はごく自然に浮かんだとも考えられる。

次に「井」であるが、旧稲井家は「名東郡北井上村大字芝原」にあったが、「井上（いのうえ）」は、古代の地名「いのへ郷」から来ている。「いのへ」は、井の辺りという意味である。「井」は古語で、泉や流水から用水を汲み取る場所のことで、「へ」は

「ほとり、辺り」を意味し、漢字の「上」に相当する。従って「井上」とは、用水の汲み取り場の辺り、具体的には川岸や渡し場の近くを指している。

更に「井」は水の汲み取り場、津という意味以外に、「井戸」そのものの意味もある。威徳院の隣の蔵珠院は芝原城跡で、庭園に一風変わった井戸がある。井戸の内壁が渦巻き状の階段になっていて、人が下まで降りられるようになっている。「まいまい井戸」「まいこみ泉」「栄螺の泉」などと呼ばれた。

また、南井上に四国八十八ヶ所十七番札所「井戸寺」（国府町井戸）がある。作家瀬戸内寂聴の墓があることでも有名であるが、そこにその名の通り弘法大師にまつわる井戸がある。こうした例を持ち出すまでもなく、井戸は生活や農耕になくてはならないもので、人間と直接に関わる大切なものである。

ところで、「いのへ郷」に対して「いのうち郷」という水の汲み取り場、もしくは物資の積出港（津）を表す地名が近くにあってもおかしくない。実際に第十堰より少し上流に「井の内の浜」という津があった。昭和初期の板野郡の地図を見ると、板野郡上板町瀬部の吉野川北岸に「井ノ内」という地名が記載されている。「井ノ上」と対をなした地名ではないか。

威徳院境内で、「井内」と書いてある稲井家の墓石があった。「井内」は「いうち」とも「いない」とも読める。

以上から「稲井」は、「いのへ」、「井ノ上」、「井ノ内」、「井内（イウチ）」、「稲井（イナイ）」というふうに、「井」の関連語の連想から誕生した姓であろう。「稲井」姓は、芝原の風土を象徴しているのである。

吉野川北岸に稲井姓が多数存在するが、そことの繋がりは考えにくい。吉野川下流域対岸の芝原の地に稲井姓がポツンと存在した感がある。又右衛門が芝原の土地を象徴する姓として新たに名乗ったからであろう。

2　河川

旧吉野川は「名西郡第十村から北に折れて流れ、今切川を支流にして分かれてゆき、鳴門里浦の広戸口と徳島市の今切口で紀伊水道に注いでいた。」(1)「今切」とは、川が切れ（決壊）て新しく出来たという意味である。

古くは芝原の北に中富川という吉野川の支流があった。北岸は藍住町中富で、南岸は国府町東黒田である。前述したが、東黒田は、戦国時代に久米安芸守義弘の芝原軍と三好義賢の率いる勝瑞軍とが中富川を挟んで壮絶に戦った古戦場である。

本流吉野川は水路が一定せず、河道を変え、分流して流れていた。神宮入江川は吉野川に平行した吉野川水系の川で、芝原の西で北に曲がり、第十で吉野川に合流する。水流が激しく、暴風雨の際には増水して堤が切れ、芝原の田畑が浸水したりした。

芝原の南に流れている飯尾川は、「吉野川市から石井町、国府町へと流れる約二十六キロの一級河川で、普段長閑で水量は多くないが、川幅が狭く、平坦地を蛇行しているために氾濫しやすかった。吉野川の水位が上がると逆流して水が溢れたりした。道や田畑が冠水し、家屋が浸水被害を受け、人命を落としたこともあった。江戸期の家屋は、掘立て小屋のようなみすぼらしい作りが多く、洪水が起きると簡単に破壊されたり、流されたりした。近年の一九三二年（昭和七年）、県による飯尾川の改修事業がスタートし、つい最近まで改修事業が続けられた。」(2)飯尾川は長らく芝原の人々を水害で悩まし続けた川である。

さて、面白い試みをしてみよう。第十堰以東に現在の吉野川が存在しなかった証拠を、我々は簡単に見つけることができる。パソコンでグーグルマップのアプリを開こう。ディスプレイ上で地名をタップすると、そのエリアが分かる。

例えば、北岸の板野郡上板町中富をタップすれば、南岸の徳島市国府町佐野塚と隣り合わせで繋がっており、どちらも吉野川の川底を含んでいる。また第十は吉野川南岸の吉野川市石井町だけではない。北岸にわたっている。板野郡上板町第十新田のほとんどは吉野川の川底になっている。国府町東黒田は北部が川底にかかっている。次に述べるが、徳島藩の運河掘削により新吉野川が生じた際の埋没事故である。このように見ると、第十以東の吉野川北岸と南岸は本来地続きであって、そのやや北を吉野川の支流が流れていたと考えられる。

芝原は典型的な洪水地帯である。大雨が降ると、土地が冠水したり、洪水が起きたりした。「高石垣」と呼ばれた農家だけが存続しえたのである。初代又右衛門が芝原の地に住み着いたのは、そのような厳しい環境なればこそで、却って好都合でやり甲斐ありと見たからではないか。闘志を燃やしたはずである。

3　第十堰

芝原の近くの吉野川第十堰について述べる。

又右衛門、諸平父子がいた頃が発端である。

徳島藩は、「城下の警備と物資輸送のために第十村と北の姥ヶ島村との間に六間幅（約十一メートル）の運河（掘抜水道）を掘り、吉野川と別宮川（徳島市別宮付近の川）とを繋いだ。運河の着工は寛永元年（１６２４）とされている。」(1)

他国に水利事業の前例があった。「関東平野の北西部から南東に流れて江戸湾に注ぐ利根川は、坂東太郎の異名を持つ暴れ川であった。元和七年（１６２１）、幕府は江戸を水害から守り、新田開発や交通路整備のために利根川の流れを東に移す大工事に着工した。関東郡代伊奈忠治が利根川の流路を東へ東へと変更させていった。」(2)徳島藩はそうした例を運河着工の参考にしたのではないか。

しかし、徳島藩の運河の掘削は思わぬ事態になった。それは丞右衛門がいた頃のことである。

「運河一帯は土地が低かったために流水が激しく、別宮川の川幅が急速に広がり、別宮川が新川となって徳島市に注いだ。東黒田の北部が川に沈んだりした。旧吉野川の下流域は水が涸れ衰え、元禄期（1688〜1704）には水田耕作が出来なくなってしまった。そこで川下四十四ヶ村の連署で藩に新川堰止めを村人たちが願い出た。治水工事に藩の許可が下り、第十堰の普請に着工した。村人たちが一致団結して汗を流した結果、やっと吉野川下流域に水が流れるようになった。第十堰の着工は請願してから四十年以上経った寛延三年（1750）で、堰が完成したのは宝暦二年（1752）であった。」[3] それは丈右衛門がいた頃であった。

現代の第十堰

第2章　家族の不幸

1　又右衛門、諸平父子

寛永二十年九月二十六日（１６４３）に初代又右衛門が他界し、そのわずか四ヶ月後の翌年の二月一日、二代目諸平が急死した。親子がさしたる間を置かずに続いて他界したのは異常と言わざるを得ない。芝原の地に何があったのか。

二人に影響したかも知れない歴史的な事件を手元の資料から拾ってみよう。限られたデータであるが、そこから忌まわしきものが見えてくるであろう。

又右衛門が亡くなる二年前から挙げていく。

「寛永十八年（１６４１）、伊勢（三重県大半）・伊賀では、前年からの凶作のために自殺者が続出した。また大坂では、凶作による米価騰貴のために米騒動が起きた。また暮れから諸国で飢饉があり、餓死者が多数出た。」(1)

翌年の「寛永十九年（１６４２）、二月から五月にかけて全国的に大飢饉が襲った。八年ほど前から断続的に各地で飢饉が襲ったが、この年が一番酷かった。『寛永大飢饉』である。道々に飢えた者が倒れ伏し、死体は放置されたという。またこの年の春から夏にかけて諸国に疫病が流行し、多数の死者が出た。それより少し前のことであるが、寛永十四年（１６３７）から十五年（１６３８）にかけて島原の乱が起きたが、原因はキリシタンの弾圧だけではない。三年来の凶作にも関わらず、年貢を年々増やされ、農民たちは完納できずに過酷な刑が科されたからで、農民とキリシタンとが結びついた大規模な一揆であった。」(2)

「寛永二十年（１６４３）、経済的な貧困から自分の土地を手放し、年貢負担能力を失う農民が増えてきたので、三月十一日、幕府は田畑永代売買の禁令を発した。」(3)全国的な飢饉が続いていたのであろう。又右衛門が亡くなったのは、そんな年の九月二十六日のことであった。そして、その四ヶ月後の寛永二十一年二月一日に、諸平が父の跡を追うように亡くなった。

又右衛門と諸平の連続死は、模索が続く開墾の苦難に加えて、暴風雨や河川の氾濫、全国的な天候不順、飢饉、疫病などの影響が重なったためではないであろうか。

2　與一兵衛の悲惨

四代目の與一兵衛は享年七十三歳であったから、先代の丞右衛門同様に長生きである。しかし彼は一生の間に何度も不幸に出遭っている。

前述したように、三十歳（1693）から四十五歳（1708）までの十五年間に、於久米、乙女、太郎四郎、長次郎、八十之助の五人の子供を亡くした。その後も息子亀治郎（「梅覚智純信士」、1721没）を亡くした。更に家族、丈右衛門の先室（「智法妙性信女」、1733没）が亡くなり、その翌年に娘「惠證霊」が亡くなった。いつか判明できないが、姉（「風月妙雲信女」）も亡くなっている。

こうした與一兵衛の不幸の連続には明確な原因があろう。芝原から比較的近いと思える歴史的な事件を拾い集めると、何か手がかりがつかめるのではないか。

於久米が亡くなったのは元禄六年（1693）である。「近年各地で麻疹、天然痘、流行性感冒、赤痢などの集団発生が相次いだ。死者が続出し、人々は神仏や加持祈祷に縋るほかなかった。そんな世相を反映してか、遠いところであるが、江戸では馬が言葉を喋ったなどという流言飛語が飛び交い、怪しい薬の作り方の本やお札といったインチキ商法が出回った。」(1)その翌年の元禄七年四月（１６９４）に父丞右衛門（享年七十一歳）が亡くなった。

「生類憐みの令」は、将軍徳川綱吉によって貞享二年（１６８５）に出されたが、度々内容が加えられ強化されていった。他国の何処まで影響を与えたのか分からないが、日本全体の世情を暗くしたことであろう。度々の内容の異なる「生類憐みの令」にはそれぞれ政治的な意図があったと思えるが、例えば「元禄十三年（１７００）七月二十四日の内容は、鰻やどじょうを販売するなどというものであった。」(2)これにはどじょう好きの江戸（東京）市民は驚き、肩を落としたことであろう。綱吉は文治政治をした名君であるが、憐みの令は庶民にとっては迷惑至極で、世を暗くしたことは間違いない。

余談になるが、俳諧師の松尾芭蕉*が元禄二年三月二十七日（１６８９）に、『奥の細道』の奥州の旅に出た。元々旅好きで数々の紀行を重ねてきたが、今回は江戸での生活の窮屈さから脱出したのではと筆者は推測する。

話を戻す。元禄十四年九月（１７０１）に乙女が亡くなったばかりであるのに、翌年の元禄十五年正月（１７０２）、太郎四郎が亡くなった。その年の「八月三十日、西日本は暴風雨・洪水に見舞われて大被害を受けた。土佐（高知）領内は十六万余石が水損し、讃岐（香川）はイナゴが大発生した。また十二月十五日に赤穂浪士の討ち入りがあった。諸物価が高騰し、翌年、関東では地震や津波が起り、大被害が発生した。」(3)せめて人々は、赤穂浪士の討ち入りの噂にスカッとしたのではないか。

長次郎が宝永二年四月（１７０５）に亡くなった。「四月上旬からお陰参りが大流行した。近畿を中心に広範囲に及び、人々はこぞって伊勢神宮を参拝した。その多くは無断であったと言われ、阿波も同様であった。夏になってようやく沈静化した。」(4)また「七月、幕府は江戸市中の乞食一万五百余人に米五〇〇俵を施した」(5)というが、どこも似たような社会状況であったらしく、その頃は貧富の差が酷くていかに飢えた民が多かったかを物語っている。お蔭参りは人々の不満がその背景にあった。

與一兵衛四十四歳の時である。「宝永四年十月四日（１７０７．10．28）、午後二時頃、南海トラフ沿いに宝永地震が起きた。南海沖と東海沖の二つの震源地が連動した地震で、我が国最大級とされた地震である。マグニチュードは推定8・4で多数の死傷者を出した。東海から紀伊半島全域、四国南半分の被害が酷く、関西や伊豆（静岡）や甲斐（山梨）など各地で被害があった。土佐では大津波による被害が甚大で、十一回の大波が寄せては返し、とりわけ三度目の大津波は山の中腹まで舐め尽くし、二〇〇〇人を飲み込んだ。大坂（大阪）では、一八〇〇軒の家屋が倒壊した。川船、廻船もほとんど破壊された。」芝原の近くの南沖洲（徳島市）も津波が襲った。また、「その年の十一月から十二月にかけて富士山が大爆発を起こした。火山灰が江戸の町に降り注ぎ、山麓で耕地が被害を受けたり、洪水等の土砂災害が継続して起きたりした。」(6)

富士山の噴火の被害など、遠い江戸でのことだと思うこと勿れ。江戸での大被害は将軍様のお膝元であるから、様々な形で全国に影響を及ぼした。例えば、寛文年間（1661～1673）の阿波藩の財政状況を見るとよく分かる。「家臣その他への蔵米の支出だけで御蔵米の量を超えて赤字であった。その上に大名の生活費、藩費、江戸屋敷の出費を加えると莫大な負担になった。更に幕府の軍役としての御普請、御手伝いなどの負担が加わるのである。洪水や旱害、虫害などの災害が起こると、一層の赤字になってしまう。」(7)それがまた藩内の庶民の負担となって跳ね返っていくからである。

「宝永地震が発生した翌年（１７０８）の九月頃、麻疹が全国的に流行し、多くの死者を出した。」(8)同年十一月朔日に八十之助が亡くなった。やはり麻疹であろうか。「麻疹は感染力が至って強く、同じ場所に短時間いただけで咳、くしゃみ、会話などで感染する。発熱、咳、発疹などの症状で、発熱が一週間ほど続き、肺炎や脳炎を引き起こして重症化する。」(9)妊婦が感染すると、合併症になりやすく、流産・早産すると言われている。二十一世紀の今日でさえ特効薬のない疫病である。

「宝永六年一月十日（１７０９）、将軍綱吉は昨年からの麻疹が回復せずに没してしまった。」(10)奥に鎮座まします将軍様さえ麻疹に罹るほど、感染力の強い麻疹の流行であった。

その後も全国各地で麻疹や天然痘などの疫病が流行し、風水害や虫害による凶作が繰り返された。その頃の社会は典型的な多産死亡型社会である。

ところで、稲井家に位牌が残されている與一兵衛姉、「風月妙雲信女」（没年月読み取り不可）と與一兵衛娘、「恵證霊」（1701〜1734）とは共に他家に嫁いだ女性である。前者の夫は徳嶋銭屋太郎右衛門で、後者の夫は内谷村唯右衛門である。「風月妙雲信女」と「恵證霊」とは伯母と姪の間柄である。どちらも何らかの理由で里帰りをして他界したのであろう。他家に嫁いだ女人が出産のために親許へ帰る風習が今日も残っているが、二人はそれであろうか。

與一兵衛姉の嫁ぎ先、徳嶋銭屋太郎右衛門の「銭屋」とは、銭店とも言い、銭の売買交換を業とした小規模な両替屋のことである。今の地方銀行といったところである。当時「農村では商品作物の栽培や貨幣経済が浸透していた。」(11)地方でも貨幣交換や換金のために両替商が存在していたのであろう。

「恵證霊」が嫁いだ唯右衛門の内谷村は、府中（徳島市国府）の西にある気延山の麓であって、今日の石井町内谷であろう。「石井」は古語で「山の井」を意味する。従って石井町の「石井」は、気延山の岩間から飲料水が湧く辺りを指していたのであろう。内谷村も湧き水豊富な気延山麓の集落だったに違いない。芝原からは指呼の間である。

封建社会ではどこの家も姻戚エリアが限られていた。稲井家の場合、芝原から東は国府町和田辺りまで、西は石井町西覚円辺りまで、南は内谷村辺りか、国府町内まで、北は吉野川（別宮川）手前まで。そうした狭い範囲で家族交換が行われていた。

もう一人稲井家に関わった人物に梶浦安左衛門がいた。彼は與一兵衛葬儀の施主である。しかしそれはどういうことであろうか。跡を継いだ当主の丈右衛門にどんな不都合があったのであろうか。当時は困っている家があれば、村内で助け合うことになっていて、特に庄屋などの有力者が助け舟を出すことがあった。梶浦氏はそうした村の有力者であったか、あるいは丈右衛門後室「貞孝慈顕信女」の里親であったのであろうか。

＊松尾芭蕉（１６４４～１６９４）は、伊賀（三重県西部）上野生まれ。十歳頃から藤堂良忠に支えて、貞門俳諧に親しんだ。良忠亡き後、京都、さらに江戸に行き、談林俳諧に傾倒した。三十歳後半になると、深川の芭蕉庵に住み、談林を脱して新風の動きを見せ、四十歳代になると、独自の句境を開き、蕉風を確立させた。西行を慕って各地への旅を重ねるに従い、作風は風格を増し、わび、さび、軽みといった様々な境地に達した。九州への旅の途上、大坂で没した。「旅に病んで夢は枯野をかけめぐる」は臨終最後の句。浄瑠璃の近松門左衛門、浮世草子

の井原西鶴と並んで、江戸時代を代表する文豪の一人である。

3　丈右衛門から利三郎へ

丈右衛門にも疫病や災害の不安や苦労がなかった訳ではない。

「享保十六年（1731）、麻疹が全国的に流行した。また翌年の享保十七年（1732）、西日本ではウンカ（イナゴか）の大群が襲う作物被害があり、飢饉で餓死者が一万二千人、斃死（へいし）牛馬が一万四千頭であった。享保の飢饉である。伊予松山藩（愛媛県）は酷くて、年貢収入が皆無だった。餓死者が三四八九人、斃死牛馬が三〇九七頭であったという。幕府の飢饉への対応は早かった。被害のなかった中部地方以東の諸藩の米を西国へ急送させ、幕府自身も大量の救援米を送った。また全国の有力神社に蝗除けの祈祷を命じた。」(1)

「享保十八年（1733）の夏、西日本の近畿以西に疫病が流行し、多数の死者が出た。」(2)そのせいかどうかは分からないが、七月十八日、丈右衛門の先室が三十一歳の若さで亡くなった。また與一兵衛の娘「惠證霊」が翌年の享保十九年（１７３４）七月十九日に三十四歳の若さで亡くなった。

元文元年十月十二日（１７３６）、父與一兵衛が他界した。前述したように、施主は丈右衛門ではなく、梶浦安左衛門であった。丈右衛門はその時、何らかの不都合があったようである。

寛延三年（１７５０）は丈右衛門に利三郎が生まれた年であるが、翌年の「寛延四年閏六月十九日（１７５１）、隣の讃岐（香川県）で大風と洪水が襲った。また翌年の宝暦二年七月四日（１７５２）、またも讃岐は数日にわたって大風と洪水に襲われた。」(3)

宝暦二年（１７５２）の徳島は、三年前から着工していた第十堰が完成し、水流が戻った旧吉野川下流域の農民たちは歓喜の声を上げた。

徳島藩は「享保十二年（１７２７）から藍作地帯での年貢の増徴をはかり、享保十八年（１７３３）に藍方奉行所を設けて葉藍の出来具合を検査し、葉藍、藍玉の課税を始めた。売り手と買い手の双方から２％の取引税を徴収するのである。元文四年（１７３９）になると、業者以外の取り扱いを禁止し、宝暦四年（１７５４）には製藍商と仲買人の玉師株制度を制定、宝暦五年（1755）になると、玉師の運上銀上納を義務付けて藩の葉藍専売制度が確立した。藍作農民は、藍作税の他、金肥の干鰯（ほしか）や諸雑用の占める割合が大きかったので余剰高が激減し、葉藍を加工することも許されなかったので貧窮化が一層進んだ。葉藍から藍玉を製造する特権を得たのは藍師のみであった。」(4)

そうした中、「宝暦六年十一月十六日（1756）、阿波の名西郡石井の農民が、大災・凶作の不満と藩の葉藍専売制に反対して一揆を計画するという五社騒動が起きた。名西郡高原村の五人組、後藤常右衛門、京右衛門父子らが中心になって、麻植、板野、名西、名東の藍師や藍作農民が加わって不満を爆発させ、付近の庄屋や郷士や豪農の家を襲って鮎喰川の河原に集結し、藩への強訴を計画した。しかし一揆は未然に発覚し、首謀者五人は鮎喰川の河原で磔にされた。」(5)稲井家もとばっちりを受けたことであろう。利三郎が七歳の時である。集団で押しかけて来られて銭を取られたと思われる。人々は食うに困った近くの村人たちであるので、殺されることはなかったが。

五社宮騒動があった十数日後、丈右衛門の後室（〜1756）が他界した。熊吉と利三郎の母である。

明和元年八月朔日（１７６４）に丈右衛門の子「教念信士」（利三郎の兄、熊吉と思われる。）が亡くなった。利三郎は母親を早く亡くして兄を頼っていたので、その落胆ぶりは大きかったであろう。阿波はその頃「天災、凶作が続いて庶民生活が苦しくなっていて、明和元年（１７６４）の八月、洪水に見舞われたりした。」(6)

翌年の「明和二年（１７６５）の四月にも洪水で麦の収穫が皆無となり、六月には長雨と暴風雨が重なり、七月三日、近畿一帯が大風雨に襲われ、八月三日に再び大風雨に遭った。阿波も四月に洪水で麦の収穫が皆無となり、六月には長雨と暴風雨が重なり、八月には霖雨（長雨）で諸河川が溢れて農作物の被害が甚しかった。また明和四年（１７６７）にも夏秋にかけて大旱魃があった。」(7)

「明和七年（１７７０）の夏、諸国で大旱魃があり、各地で一揆が頻発した。四国では、淡路が五月から七月にかけて、讃岐が六月から八月にかけて旱魃になった。その翌年、お蔭参りが大流行して、伊勢神宮を目指す人が二百万人を超えた。」(8)

丈右衛門が明和九年正月十九日（１７７２）に没した。古稀を超えていたと思われ、忍耐強くてよくぞ家を支え続けてきたものである。その時利三郎は二十三歳であったが、まだ独身であった。さぞかし心細く辛かったであろう。

「明和九年（1772）になっても災害が続くのは『明和九（迷惑）』のせいだという説が広まった。八月下旬、中国、四国、近畿、東海の広範囲で暴風雨と洪水に見舞われた。更に収穫目前に各地で大風、大雨が続き、家屋が倒壊し、被害が拡大した。死者、行方不明者も多数にのぼり、農作物も大きな打撃を被った。前々年、前年からの旱魃が回復することなく凶作の冬を迎え、十一月十六日に改元されて安永元年となった。しかし、安永年間（1772~1781）も物価高、疫病の流行、大寒波、大雨、凶作などで、世相不安が覆った。」(9) 利三郎の時代も苦難が待ち構えていた。

4　利三郎の決断

丈右衛門の頃から「夫婦と子供を核とする小農家族が村の基本単位となり、経済、医療の進歩によって少産少死型社会に変わっていった。少産少死型社会では、子供を可愛がって、実用教育の塾や寺子屋などに通わせた。」(1) 利三郎は男子を全て失った後、長女には読み書き算盤や実用の学を身につけさせて家を支えるように、次女には漢籍に親しませた後、医の道に進ませて自立できるようにと願ったことであろう。

利三郎が医師という職業に関心を持ち、次女を医師にさせる決断をした理由や背景を述べる。

「世界的な名著『産論』四巻（明和二年、１７６５）を表した名医賀川玄悦は、明和五年（１７６８）に阿波藩に召されて藩医となり、多くの門人たちを育てた。京都に隠棲した後も、彼の医術は阿波賀川流産科として後継者に代々引き継がれていった。」(2)

父丈右衛門が他界した翌年の「安永二年九月二十五日（１７７３）、京都の医師吉益東洞が没した。東洞は、日本初の死体解剖をした山脇東洋に認められ、名医として知られた人物である。古医方に属したが、観念論に陥っていた従来の治療法を批判して、実験的医学を推進し、『万病一毒説』を唱えた。『万病一毒説』とは、全ての病は毒が動いて起こるが、その薬も毒であり、治療とは毒でもって毒を制することであるという考えである。」(3) 従来の治療の曖昧さを一歩進めた形である。

安永三年八月（１７７４）、利三郎二十五歳の時であるが、「杉田玄白らのオランダ語訳『解体新書』が江戸の版元によって刊行された。人体の挿絵は精緻で、秋田藩士小田野直武によって描かれた。」[4] 徳島市蔵本町の鈴江病院に現在その書籍が残されているというから、広く流布したのであろう。

「寛政六年（１７９４）、芝原村の三木主膳は、賀川流産科の三代子全の許に入門した。」[5] 利三郎と同村であったので、稲井家とは知り合いであったのではないか。

「寛政七年七月（１７９５）、阿波藩は本草家の小原春造を招き、藩医にせしめ、医師学問所を創設して彼を医学教授とした。」[6] これにより薬草を主とする本県の本草学は大いに発展した。

寛政九年三月三日（１７９７）の春、利三郎の子の亦次郎が七歳で、享和三年四月二十八日（１８０３）の初夏、周吉が五歳で亡くなった。二人とも麻疹であろうか。その頃全国的に麻疹が流行っていた。

「寛政十二年六月（１８００）に病名が不明であるが、因幡国（鳥取県）で疫病が流行して死者が多数であった。また翌年の享和元年（１８０１）に春から夏にかけて安芸国

（広島県）で麻疹が流行した。」(7)

文化二年十月十三日（1805）、利三郎五十六歳の頃、「紀伊の医師華岡青洲が全身麻酔による乳がんの手術に世界初で成功した。青洲は、二十三歳の時、京都で吉益南涯から古医方を、大和見立からカスパル流外科を学んだ。」(8) 華岡青洲の名声は芝原にも聞こえたであろう。

その同じ年であるが、十一月十三日（1805）、利三郎最後の男子熊弥が四歳で亡くなった。二年前に五歳の周吉が、八年前に七歳の亦次郎が亡くなっていたから、利三郎にはもう男子がいなくなった。どうしても娘たちにしっかり生きてもらわなければならなかった。

以上、利三郎が医師稼業に関心を持った医学的背景と、次女を医師にさせようと決心をした理由を挙げた。

文政四年（1821）、次女は業成って医師となり、父利三郎を大いに満足させた。利三郎他界の六年前のことである。彼女は二十年前に刊行された『官刻孝義録』*の掲載に値する程の親孝行者であったと言える。

＊『官刻孝義録』は、老中松平定信の命によって全国の孝行者、奇特者を顕彰する目的で編纂された幕府の刊行物で、享和元年（１８０１）刊行。(9)

5　萬蔵の謎

(1)　於キヌ

第七代稲井萬蔵の最大の謎は、「一了妙喜信尼」（於キヌ、稲井利三郎の姉）の墓に「施主同姓萬蔵」と記されていることである。於キヌの墓は道端の墓地にある。

彼女は天明四甲辰年四月三日（１７８４）に他界した。位牌、墓石共に記載が一致するから間違いない。しかし、施主が萬蔵であるのはどういうことか。彼の妻となる利三郎長女がまだ誕生していなかった頃であるから、萬蔵は稲井家の養子になっていなかったであろう。施主が当主の利三郎であって然るべきである。利三郎は当時三十五歳で、家督を継いで十数年経っていた。

仮説であるが、「於キヌは高畠村に嫁ぎ、お産か病の療養か、何かの理由で里帰りをして、幼児の萬蔵を残して亡くなった」というのはどうか。萬蔵は於キヌの子でないのか。於キヌ他界の七年後に、萬蔵の妻（利三郎長女）が誕生する。その時萬蔵が十歳から十五歳前後だったとしたら、萬蔵夫婦の年齢差が妥当な範囲になり、そんな仮説も成立する。於キヌ他界時の萬蔵は、生まれたばかりか、五歳前後であったと考えられる。

その後、利三郎は男子三人を失い、子は娘の二人だけになった。男子最後の熊弥が他界した時点で、長女がちょうど適齢期（十五歳）になっていた。そこで利三郎は、萬蔵（三十歳前後か）を養子にして長女と娶せたのではないであろうか。萬蔵はその頃既に稲井家の農事を担っていて、家族同様であったとも考えられる。

(2)　放蕩無頼

墓誌は「萬蔵放蕩無頼、幾（ほとん）ど産を破る。静庵已むを得ず分異を請ふ。萬蔵聴かず。」と語る。しかし萬蔵は本当に放蕩無頼だったのであろうか。

「阿波の大尽」という言葉がある。藍などで儲けた商人が豪勢な遊びをしたことで知られる。現代風に言えば、富裕な男が高級クラブに通うようなものである。稲井家は大尽と言えるほどではないが、比較的豊かであった。だから遊ぼうと思えば遊べたであろう。

故郭野正一氏の言によれば、萬蔵は放蕩もしたが、良い人だったという。しかし結核を患ったというのである。悪人説をあっさり打ち消したところから、それを信じたい。

故竹治貞夫氏（徳島大学漢文学博士）が筆者におっしゃったことであるが、日記などの場合、不名誉な事柄は、事実と異なった書き方をすることがあるというのである。

墓誌の撰者、新居敦は、萬蔵が結核に罹ったことを隠すために、「放蕩無頼」と書いたのではないであろうか。当時は村に結核患者が少なからずいたという。結核は不治の病であるから世間に知られてはまずかった。まだ放蕩無頼がましな状況であった。結核の評判が立ってしまっては、その家の娘は嫁に行けないからである。

萬蔵の位牌の書き方は粗略である。「琢道良貫信士、明24、稲井萬蔵」（表記のまま）とだけ記されている。アラビア数字で「明24」とは、明治二十四年（１８９１）のこととしか考えられない。彼の没年でないのは明らかである。時を経て萬蔵の位牌が新たに足されたのではないか。明治二十四年は良衛の母ツネの一周忌に当たる。良衛は、母の一周忌のついでに、それまで隠匿してきた萬蔵の追善供養を行なったのではないか。近代の明治中期に入った良衛のことであるから、従来の結核に対する偏見を解いたのであろう。

静庵の姉、萬蔵室は天保十三年（１８４２）に享年五十二歳で亡くなった。その七年後に老母が亡くなっている。萬蔵室の他界時には、夫の萬蔵も既に他界していたと考えてよいかと思う。

(3) 社会状況

萬蔵がいた頃の社会状況を考えてみたい。さすれば、萬蔵についての何らかのヒントが得られるであろう。彼は農家にとって相当多難な時代を生きている。

利三郎が亡くなった翌年、「文政十一年六月（１８２８）、大風雨により東海、北国、西国の諸河川で洪水が起き、被害が五六三万石に及んだ。」(1)台風が通過したのであろう。阿波、芝原はどうであったであろうか。そうでなくとも、大雨により洪水が頻発して芝原の農民を絶えず苦しめた。

「天保四年（１８３３）の春から夏にかけて東北で異常な天気が続き、大凶作となった。

東北は以前にも不作の年が続いたりしたが、今回は特に酷かった。今回は東北だけでなく、凶作被害は全国に及んで米価が高騰した。天保の大飢饉の始まりである。飢饉はその後も続いて、天保六年（１８３５）も冷夏で、東北、関東を中心に不作であった。」(2)

「大飢饉は年毎に深刻さを増した。天保七年（１８３６）、風雨、大霜で大凶作となり、ピークに達した。八月に諸国で洪水が起き、米価、諸物価が高騰した。東北、関東だけでなく、北陸、畿内も凶作となり、山陰や山陽は米不足となった。また九州は六割が不作となった。各地で一揆や打ち壊しが起きた。大阪でもこうした飢饉の影響で貧者の打ち壊しがあった。米価が高騰し、更に野菜類の不作で、乞食の餓死者が市中に溢れた。幕府は財政悪化から天保通宝（銅貨一枚が百文）を発行したが、それが悪貨のために諸物価の高騰を一層煽った。」(3)

「天保八年（１８３７）、元大坂東町奉行所与力の大塩平八郎（１７９３〜１８３７）が大阪で乱を起こした。彼の民衆思いから悪政に立ち向かう実力行使に出たのである。」(4)

　さて、このような状況の中で萬蔵に放蕩の振る舞いができたであろうか。稲井家が破産したのは、萬蔵が家業の心労から体を壊し、結核を長らく患ったからではないか。

「無頼」とは、本来頼りにならないという意味であるから、その表現は一概に否定できない。静庵は姉と共に当主萬蔵の看病に当たったことであろう。静庵は八方手を尽くして彼に様々な治療薬を試したに違いない。当時民間で万能薬とされていた高額の朝鮮人参まで使ったであろう。

「朝鮮人参は輸入品だけでなく、国産品が出回るようになって、以前は一両目（15グラム）が金一両であったが、寛政二年（１７９０）頃には、並品一両目が十二分の一の銀五匁程度になっていた。」(5) しかし、いくら安くなったとは言え、継続して投与すれば治療費は嵩む。静庵は、薬効が強壮、健胃、整腸、補血、去痰でしかないことを承知の上で、症状緩和のために惜しみなく使ったのではないか。

第3章　医師静庵の誕生

1　姉妹の本名

位牌には女性の実名が記されていない。「現在の戸籍に当たる藩の棟付帳は、百姓から夫役（ぶやく）徴収を基礎にした戸口調査台帳であったから、藩士は記載されず、文化期になるまで女性も記載から漏れていた。」(1)位牌もそうした制度に同調していたのではないか。しかし、幼児の場合は実名をそのまま戒名に使った。幼児は罪障がなく、あえて戒名を考える必要がないからである。

稲井家の位牌から女児名を拾うと、「於久米、乙女、於ケン、於キヌ」である。どれも三字で語頭に「オ」が付いている。女子は「オ」を意識した三文字の名付け方である。

一般に江戸期の女子は平仮名で二字の名が多い。

『国府町史資料』（１９１７）に、慶応二年（１８６６）の「寺子謝礼」の控えが掲載されている。寺子の女子名を見ると、「たみ、おりん、きく、おいく、りん、おいそ」といった具合である。「おりん」と「りん」は同一人で、姓を伴った場合は「りん」で、姓を省いた場合は「おりん」となっている。(2) 近親者が日常的に呼ぶ褻《け》の場合は、「オ」を冠して呼ぶ。従って当時の女子の名は、通常ひらがな二文字である。

以上から、静庵の名は「シズ」、または「オシズ」であり、姓を冠する場合は「稲井静」となろう。つまり本名は「静」であろう。

「『本朝医考』を表した京の黒川道祐（？‐１６９１）という医師がいたが、彼は一生の内に様々な号を使っていて、「静庵」という号を使ったことがある。」(3)「静庵」は医師としてふさわしい号のようである。

静は「静庵」と号して医師を開業した。文堂墓前の灯籠の銘からして、それが公式名となっていたらしい。成人男性が改名するように、彼女も医師開業後に「シズ」から「静庵」になったのであろう。

次に、姉の「観阿妙住大姉」の名はどうか。一般に戒名の「妙」は、女性らしさを象徴する文字で、戒名でよく見かける。しかし「観阿妙住大姉」の場合は、「妙」を本名と考えたい。その理由を述べる。

「妙」の前に置かれた「阿」は、「阿母」というように「阿」は親しい人に付ける漢字でもある。また、女性の名前の前につけて、口語の接頭語「オ」に当たる国字（日本のみで通用する漢字）でもある。江戸初期の女歌舞伎役者で「出雲阿国」という人がいたが、彼女の本名は「国（くに）」である。従って「阿妙」は本人の名で「オタエ」と解したい。「観阿妙住大姉」の本名は「妙（タエ）」ではないか。

稲井家の二人の姉妹が、普段は「おたえねえさん」、「おしず」と呼び交わすシーンが目に浮かぶようである。

2　医学修業

(1)　医学の発達

「室町時代には小児科、産婦人科、金創医（外科）などが専門化しつつあったが、江戸期になって陰陽説に基づく観念的な傾向を帯びて後退した。しかしそれに疑問を持った実証的医学が起きた。宝暦四年（１７５４）、古医方（こいほう）*を尊び、唐以前の医方書を研究した京都の山脇東洋（１７０５～１７６２）が、日本最初の死体解剖をして、実証的に人体を確かめ、従来の五臓六腑説を否定した。蘭学者杉田玄白らの死体解剖より十七年早かった。その時の記録は宝暦九年（１７５９）に刊行された『蔵志』である。」(1)

「宝暦八年三月二十六日（１７５８）、長門（山口県）の萩藩医栗山孝庵（１７２８～１７９１）らが、またその翌日京都伏見の伊良子光顕（１７３７～１７９９）が死体解剖をした。栗山孝庵は山脇東洋に学び、長崎に遊学した。東洋に続く日本第二番目の人体解剖を萩で行なったのである。翌年には日本初の女刑屍体解剖も行なっている。伊良湖光顕は祖父以来代々カスパル流オランダ外科医であった」からであろう。(2)

「幕府は早くから医療行政の充実をめざし、薬園を開設し、本草学（ほんぞうがく）の研究を奨励した。その甲斐あって本草学は我が国独自に発展した。本草学はもともと古代中国で生まれた薬物学であるが、薬物としての効能を核としつつも、動植物・鉱物の知識を幅広く記載する点で博物学的な性格を持つ学問である。貝原益軒（１６３０～１７１４）の『大和本草』（１７０９刊行）、稲生若水（いのうじゃくすい、１６５５～１

715）の『庶物類纂』（1738完成）、小野蘭山（1729〜1810）の『本草綱目啓蒙』（1803刊行開始）などの著述が出て、日本の本草学が確立した。」(3)
賀川流産科は世界的レベルに達していた。「京都の賀川玄悦（1700〜1777）は、胎児が子宮内で頭を下にし、背を前に向けて位置しているという正常体位を見抜き、それを『産論』（明和二年、1765刊）で日本で初めて説いた。また、異常分娩時における独自の救護法を工夫した。彼や彼の後継者や門人らによって、我が国の多くの女性や幼児の命が救われた。」(4)「文政八年（1825）、シーボルトの門下生の美馬順三が、玄悦の著書『産論』（1765）の大要をオランダ語に翻訳した。その結果、大概が西洋医学界に紹介され、彼の偉業が世界の人々に知られるところとなった。」(5)

静庵の専門の一つである整骨術も、西洋医学と比較して何ら遜色がなかった。「寛政五年（1793）、安芸（広島県）の整骨医であった星野良悦は、自製の木製人骨を著名であった蘭学医杉田玄白らに示して、その精緻さ正確さを激賞された。」(6)

鎖国をしていたとは言え、日本の医学は、西洋医学の影響を直接間接に受けて発展した。次にそのことを述べる。

江戸時代は長崎出島にオランダ商館が設置され、日蘭貿易が許されていた。「商館長（カピタン）らは江戸まで行って徳川将軍に謁見した。慶長十四年（1609）に始まり、寛永十年（1633）以来毎年、寛政二年（1790）からは四年に一度であるが、嘉永三年（1850）までに百十六回行われた。江戸に着くと、商館長一行は各方面から質問攻めにあった。オランダ商館付きの西洋医は、来訪客の質問に答えたり、紅毛流医術を伝授したり、患者を治療してみせたりした。」(7) その影響は直接間接に全国の和医に波及した。

「貞享三年二月二十七日（1686）、五代将軍綱吉は、奥医師に命じて、参府中のオランダ商館長・医師に医術や薬種について尋ねさせた。また、元禄四年二月三十日（1691）、綱吉はオランダ医師エンゲルベルト・ケンペルに癌と潰瘍の処置法や不死長寿薬に関して熱心に質問した。」(8) 儒学を奨励した綱吉であったが、西洋医学にも深い関心を持っていた。

もちろん、「長崎出島の日本人通訳や藩医の中には、オランダ商館医師から直接に西洋医学を学んだ。」(9)「オランダ通詞であった本木良意（1628～1697）は、ヨハネス・レメリンの解剖学書（蘭訳本）の翻訳を試みた。良意没後、鈴木宗云が良意の翻訳の流布、脱落、散逸したものをまとめて、明和九年（１７７２）に『和蘭全躯内外分合図』として刊行した。本木良意は日本最初の西洋解剖書の翻訳者である。」[10] また「安永三年（１７７４）、杉田玄白らが『解体新書』を江戸で出版した。原書はドイツ人のJ．A．クルムスの『解剖学表』で、それをG．ディクテンが蘭訳したのが『ターヘル・アナトミア』で、それをまた杉田玄白が和訳したのが『解体新書』である。」[11]「文化二年十月十三日（１８０５）、紀伊（和歌山）において那賀郡の華岡青洲が全身麻酔による乳癌摘出手術に世界で初めて成功した。」[12] 成功の影には西洋医学の影響を受けていたということがある。既に前述したが、青洲は京都遊学中に吉益南涯から古医《こい》方《ほう》を、大和見立《けんりゅう》からカスパル流外科**を学んでいたからである。[13]
稲井静庵が医師となったのは文政四年（１８２１）のことであるから、その頃は既に医学が高度に発達していた。その後、次第に洋学（蘭学）が活発になるが、江戸末期になるまで漢方が相変わらず主流であった。
洋学（蘭学）の状況について参考までに述べる。

ドイツ人医師シーボルト（1796〜1866）の日本への影響はよく知られているところである。「彼は長崎で日本人に治療する傍ら、出入りのオランダ通詞に医学を教え、文政七年（1824）に長崎郊外の鳴滝に診療や講義のための鳴滝塾を開いた。全国から大勢の俊秀が集った。」(14)その後、彼は日本研究が熱心のあまり、大事件を引き起こすが、日本の医学界への彼の貢献は誠に大きい。

「文政十一年八月十日（1828）のこと、任期を終えたシーボルトはオランダへ帰国しようとしたが、彼の荷物の中から海外持ち出し禁止の日本地図が発見された。彼はスパイ容疑で幕府から尋問を受け、翌年海外退去処分となった。それに関わった人々は厳しい処罰を受けた。シーボルト事件である。」(15)

「シーボルトの門下生であった高良斎（こうりょうさい）は、シーボルト事件に連座して長崎追放となった。天保二年（1831）に徳島市へ帰郷して、診療に従事し、蘭語や西洋医学を教授した。しかし天保六年（1835）に大阪へ転居してしまった。冷遇と圧迫に耐えられなかったのである。」(16)

「天保十年（1839）、幕府は蘭学者に対して大弾圧を加えた。多くは事実無根であったが、渡辺崋山とその同志たちが犠牲になった。『蛮舎の獄』である。」[17]
阿波藩は従来から漢学を奨励していたこともあり、「蛮舎の獄」をきっかけに蘭学はますます抑圧されたであろう。しかし、「幕末になると、西洋文化の威力に抗しきれず、藩は再び蘭学を奨励するようになる。」[18]
「嘉永二年六月二十九日（1849）、楢林宗建（ならばやしそうけん、1802〜1852）が、オランダ商館医のモーニケと相談の上、蘭方で息子健三郎ほか二児に初めて種痘をした。同年七月十九日、モーニケと楢林とは長崎出島で種痘を接種し、成功した。この年のうちに広島、京都、長門（山口県の西部、北部）、江戸、筑前（福岡県北西部）、信濃（長野県）などでも種痘を実施した。」[19]
「阿波において、井上不鳴（1812〜1892）が京都に遊学し、更に長崎に遊学して、西洋医学、特に種痘法と産科学を修得して帰郷し、嘉永二年（1849）頃から種痘の重要性を説いた。本藩各地で種痘を実施し、種痘を普及させた。」[20]
「高畠耕斎（1813〜1859）は、嘉永五年（1852）に徳島藩医となり、安政五年（1858）に医師学問所教授兼肝煎となった。藩命によって正式に医生に洋学を教授した阿波の最初の人物である。」(21)徳島藩もようやく洋学に力を入れるようになった。しかし、もう日本の夜明けが近かった。

以上の洋学の流れは、明治に入って静庵の孫良衛が入学した徳島藩立医学校へと受け継がれていった。

＊古医方《こいほう》は「中国漢代の実証的立場への復古を主張して生まれた流派。古医法の大家に山脇東洋（１７０５〜１７６２）という医師がいた。彼は従来の五臓六腑説に疑問を持ち、実際に人体を解剖して人体の内部を観察してその誤りに確信を深めた。」(22)
＊＊カスパル流外科は、「長崎出島の蘭舘医シャムベルゲル・カスパルが、江戸参府の折りに十か月間江戸に残留して日本人に伝授した」ものである。(23)

(2)　医学環境

静庵を取り巻く地域の医学環境や師との出会いを考えてみたい。
「賀川流産科を創始した賀川玄悦（１７００〜１７７７）は、明和五年（１７６８）の冬に阿波藩主に召されて藩医となり、彼や彼に続く後継者たちが多数の門下生を育てた。門下生の中には芝原村に三木主膳、東覚円村に多田数助がいた。三木主膳は寛政六年（1794）の入門で、多田数助は文化十二年（1815）の入門である。」[1]三木主膳は同じ芝原村であるから、稲井家とは知り合いだったであろう。
「徳島藩内には華岡流（華岡青洲創始）の門人が大勢いた。その中の一人で高原村（石井町）には多田礼蔵がいた。」[2]高原村も芝原の隣接地域であるから、静庵とは近くの同時代人でないだろうか。
「寛政七年（1795）、医師学問所が徳島市沖洲町舟戸南に開設された。医師学問所の創始者は藩が京都から迎えた本草家の小原春造（1762～1822）である。彼は本草学を小野蘭山に学んだ。医師学問所は文化四年（1807）に安宅町天文台構地付近に移転され、薬園を併置して薬剤の製造も行った。医生は藩医や開業医の子弟たちで、その頃から次第に多くなっていった。」[3]
しかしながら、「江戸時代のそのような学校の役割は限定的なものであって、それよりむしろ個々人が師弟関係を結んで師匠から特殊技能を授かるという民間システムの方が一般的であった。その方が広く機能した。十九世紀前半、化政期から天保期にかけて全国諸藩の学校組織は綱紀が乱れて停滞し、十分に機能しなかったらしい。」(4)

一般に医師になりたければ、まず「近くの手習い師匠から基礎的な教養を学んだ。その中で優秀な者が選ばれて近隣の町や村の医師のもとへ弟子入りをして医学の初歩を学んだ。そして更に師匠の同意を得て、高度な技術習得のために近くの都市へ出向いて医学塾で腕を磨いた。また中には医術先進地（江戸、京都、大坂、長崎など）へ遊学に出掛けて新しい知識を身につけた。」(5)当時の人々はそのようにして実力のある医師になったのである。また「遊学に出掛けて成果が得られた者は、医書を手に入れ、帰郷した後、地域の医学環境の向上維持に寄与した」という。(6)しかし、そうした民間の医師養成システムも、男性中心主義の下に成立している点を押さえておきたい。

静庵の場合も、最初は芝原近辺の医師たちから医術を学び、その後、七条文堂と出会い、彼から指導を受けたのではないか。

では、静庵と師匠七条文堂とはどのようにして出会ったのであろうか。

文堂は徳島城下で医師を開業していたが、「文政五年十月二十一日（１８２２）に先妻を亡くした。また、彼には長患いの妹がいた。その妹が文政八年十二月一日（1825）に子や乳児を残して他界した。」(7)彼女たちの介抱や治療を静庵が文堂に代わって行った可能性が考えられる。文堂は身内だけの看護、治療に専念できないで忙事に追われていたであろう。それに女性患者には女性医師の方が何かと都合がいい。文堂は静庵に治療を委任し、時々彼女に教えもしたのではないか。あるいはこうも考えられる。文堂の故郷の家族が静庵の噂を聞きつけ、彼女に往診を頼んだことから文堂と静庵との出会いがあったとも考えられる。彼の母や妹の七条村と生活地の徳島とはかなりの距離がある。その点、静庵のいた芝原村は徳島城下と七条村との中間地点であって、七条村へは渡し舟で川を渡って行けた。舟は馬も渡してくれた。

「文堂は天保八年（1837）の冬、故郷七条村に居を移した。翌年の三月、文堂は国府町観音寺の舌洗池（したらいのいけ）*に立ち寄った。舌洗池が『阿波風土記逸文』に見える「勝間井」であることを確認したかったからである。」(8)その際、静庵との交流機会の可能性が考えられないか。

「天保十三年七月二十八日（1842）に文堂の後妻益見が亡くなった。」(9)その前後にも静庵は七条村にしばしば足を運んだのではないか。
＊舌洗池は鮎喰川の扇状地の麓に位置し、かつて清水がこんこんと湧いていた。「源義経が源平合戦で屋島に向かう際に立ち寄り、『勝間』とは縁起がいいと言った」という言い伝えがある。そのことを「否定する過去の郷土史家もいた」が、「義経が国府町観音寺を通っていった」のは事実であろう。(10) そこは花見の名所であり、文堂はそこの花見風景を絵画に描いている。
文堂は絵もうまかった。

(3)　志望動機

静庵が医師を志した理由はさまざまに考えられる。

まず「静庵墓誌」に書かれていることで、彼女は幼い頃より軟弱で眼疾があったのを両親が憂えて医を学ばせたという理由である。両親の意向である。家父長制の時代なのでそれは当然であって、家族が親の許しがなくできるものはないからである。ただ少し引っ掛かる点がある。彼女は幼い頃から眼疾を患っていたのでという点である。そうならば、若くして漢学や、まして医学を習得することができたであろうか。墓誌の別の箇所に「其の技益々進みて視力益々衰え」と書かれている。彼女の失明は医師になった後であって、幼い頃は身体軟弱気味で、近くの医師によく掛かっていたというようなことではなかったか。あるいは近視、遠視なども眼疾と見做したのかも知れない。

故田中シゲリ氏が、「阿波人物山脈⑤」（1962．1．10）で毎日新聞の記者に語ったところによると、静庵は十五歳の時にソコヒで失明したが、発奮して七条文堂に師事し、医術を修めて開業したという。文堂に師事したのは失明後というのである。それならば、静庵は文堂晩年の門人としていいのではないか。自身の視力を取り戻そうとして文堂を頼り、彼に師事をしたとも考えられる。医師となって技大いに進み、視力いよいよ低下して、遂に失明し、それでも挫けずに医師を続けて、文堂の門人となったというのであろうか。それなら文堂との出会いは、静庵は四十路、文堂は還暦頃で、文堂の後妻、益見の他界前後、文堂帰郷後ということになる。

他に考えられる動機は、彼女が両親と同じ思いを幼い頃から持っていたことであろう。何に対してかと言えば、身内の死の傷みに対してである。長男亦次郎の死は静庵誕生以前のことであるが、兄弟三人の死は、彼女にとっても不条理であり、医術でなんとかならないかと思ったことであろう。また、曽祖父與一兵衛の一連の悲劇も、言い伝えを聞いていたであろうし、お墓を見れば分かる。医師志望動機の一因ではなかろうか。

明治・大正になってさえ「百人の新生児のうち一五人以上が死んでしまった」[1]というから、幼子の死亡率は15％以上である。静庵のいた頃はもっと高かったであろう。

また、「明治十一年五月（１８７８）、イギリスから横浜にやって来たイザベラ・バードという婦人の旅行客がいた。彼女は北国旅行を計画し、東京、新潟、山形、青森、北海道に至る大旅行をやってのけた。道中で、疥癬、しらくも頭、たむし、ただれ目、蚤やしらみの子供たちを目にして、それが珍しくなかったと綴っている。」[2]筆者は昭和生まれ（１９４５）であるからそうした事実は十分納得できる。眼病は地蔵の閼伽の水を付けると治るといった迷信があったのも知っている。

静庵は、世の半分の女性のために産科を、怪我をしやすい農業従事者や子供達のために整骨術を、発熱したり下痢をしたりして発病しがちな老人や子供たちのために内科を学んだことであろう。文化十一年（１８１４）、志学であった十五歳の時に医の道に入り、文政四年（1821）二十二歳で業成り家において治療し、静庵と号した。彼女の読み通り、特に女性たちから頼られる存在になったことであろう。

⑷　女性医師

江戸期は国家資格制度がなかったので、誰でも医師になれる状況にあったという。そうは言っても「誰でも」は言い過ぎである。身分や性別や資産による制約があったであろう。またいつの時代でもそうであるが、人それぞれに適不適というものがある。医師資格の付与者が国家（幕府）でなかっただけで、前述したように医師を養成する民間システムが十分機能していた。養成システムに受け入れられた後に、「医師に向かない者は志望変更させられた」例もある。[1]また牛や馬の数まで記帳した棟付帳の関係から、医師への身分変更にはお上の許しが要った。

しかしながら、当時無能な医師や怪しげな治療者も多数存在していたのも事実である。しかし世間の目や評判や同業者の評価、承認というものが働いた。治らないと見るや否や、非難を浴び、噂が広がり、医師を続けることが出来なかったことであろう。

「医師」とは、「当時の民間の医師養成システムによって長期の修業に耐え、師匠から秘伝を授けられて独立を許され、同門の医師や地域の同業者たちや住民たちからも評価され、存在が認められていた者」と定義しておく。要するに、占いに頼らず、身分社会、男性中心社会の中で認められたちゃんとした医師のことである。

今日のように病気が科学的に解明されておらず、ワクチンや特効薬がなかった時代であるから、医師の力に限界があったのは致し方がなく、それでも医師というものは、一生修業の身で、知識を増やし、技術を磨きながら、医療器具や道具を備え、患者に対しては症状を見極め、症状に応じた最善の処置を取り、適切に投薬して、治せるものは治したのである。

徳川幕府は政権の維持と秩序を重んじ、厳格な身分制度に基づく社会を作った。下位の者だけが苦しんだのではない。全ての人々の行動を厳しく制限し律した。人々は身分に繋がった家業を半永続的に営み、家業は長男が受け継いで強力な家長権を有した。医師の場合も全く同様である。世襲制度に従った。しかしながら命を預かる知的な存在であるために、たとえ我が子といえども、怠惰で無能であれば、弟子や他の医家の優れた子息を養子に取って跡を継がせたという。しかし、どの分野もそうであるが、血筋の繋がった営みは二、三代までで、そう長くは続かないものである。

当時女性は法的に無能力な存在とされていて、女性が医師になるなど考えられなかった。

女性の職業は極く限られていた。江戸期の典型的な女子の職業は、「女中奉公、髪結い、子守り、乳母、お針、妾奉公、産婆、鳥追い女（流しの三味線弾き）、人形まわし、落ち米拾い、遊女、奥女中」などであった。(2)他にも、機織り、洗濯、芸事の師匠、芸者、畑仕事手伝い、行商などがあったであろう。

そんな限られた職業の中、「京都賀川流産科では少数ながら女性を門人に受け入れている。明和六年（1769）から明治八年（1875）までの一〇七年間に女性と判断できる門人が九四六名中五名いた。他にも他流に女性医師十人前後の存在が認められる。」(3)医師は男性の仕事であるが、わずかながら女性に入門を許した流派があった。

阿波藩にも「明和六年（1769）入門の賀川流（産科）門人八十九名の中に、岡本元孝の妻勇、大森民女の二人の女性がいた。」(4)静庵に先立つこと約半世紀前である。

勇の場合は、夫を支えるために妻である自分も資格を取っておきたいという理由であろう。女性が医師になったのは、多くは医家の家族ではないであろうか。

四国で女医としてよく知られていた人物は、江戸初期の土佐藩家老野中兼山＊の娘、野中婉（１６６０～１７２５）である。婉は、父失脚の後、約四十年間の幽閉中に医学書を数多く読んで医師としての実力を身につけた。幽閉中に目が見えなくなり、独身を通したが、高知城下で名医として活躍した。静庵とよく似た共通点を持っている。婉は元々高位の武家の出身であるため、漢文学の素養があり、医師になるのは比較的容易であったであろう。また、伊予に楠本イネ（シーボルトの娘）がいたが、有名医師の娘であったからである。しかし、静庵は農家の次女であった。そこの身分的な制約をどうクリアしたのであろうか。父利三郎は彼女を医師にするために男性のように育てて、役人に医師開業願いを出したのかも知れない。

女性差別がはっきりしたのは江戸期に入ってからである。その傾向は明治になっても続いていた。維新政府は医術界に介入して医師資格を国家として付与するようになったが、最初女性は眼中になかった。

明治五年（1872）に学制が制定されたが、その法文の中で「一般ノ人民」とは「華士族農工商及婦女子」のことだとしている。つまり、江戸時代の「士農工商」や明治時代の「華士族農工商」は、男性を指していた。そこで新政府は、義務教育対象者に「及婦女子」と書き加えたのである。明治、大正、昭和の戦前まで近代国家と言っても、男女平等には程遠かった。

「明治十七年（1884）に医師開業試験の門戸が女性に解放されたが、それは自らの志を曲げなかった荻野吟子（1851〜1913）を初め、医師を志した明治初期の女性たちが熱心に当局に働きかけたお陰であった。荻野吟子は明治十七年九月に前期試験に及第、十八年三月に後期試験に合格し、女性の医術開業免許第一号となった。彼女は医学修業時から男女の壁に相当苦労した。」(5)「二番目に公免許女医になった生沢クノ（1864〜1945）も、男女席を同じゅうせずで、医学校時代は一人別室で聴講した。」(6)「三番目に公認の医師となった高橋瑞子（1852〜1927）も、医学校へ入学するために、医学校の門前で三日三晩立ち尽くして粘った。」(7)

「エリザベス・ブラックウエル（1821〜1910）は、一八四九年一月、ニューヨークの医科大学（Geneva Medical College）で学位を取って卒業した。アメリカで最初に医師資格を取得した女性である。しかし彼女も、最初幾つかの医学校に入学を申請したが、全て断られてしまった。ニューヨークのジュノヴァ医科大学に入学できたのには皮肉な経緯がある。彼女が入学を志願してきた時、学部はためらった。そこで学部長は学部の全学生（全て男子）に投票させて決定しようと考えた。一人でも反対があれば、彼女の入学を許可しない腹であった。ところが学生たちは冗談と捉え、満場一致で女性の入学に賛成した。入学を認められた彼女が学園に姿を現すと、学生たちは大いに驚いた。」(8) 海外においても女性が医師になるのは困難を伴った。医学校へ入学することも、卒業後に医師として従事することも男女の壁が立ちはだかった。

荻野吟子らが新制度の女性医師を許されたのは、前述の理由のほかに、静庵やその他の女性の先人たちが活躍した下地があったからではないであろうか。女性が男性と同等に幅広い領域で羽ばたけるようになったのは、世界的に見てもごく最近のことである。

＊野中兼山（１６１５〜１６６３）は、「寛永八年（１６３１）に奉行職となって、約三十年間

藩政に手腕を発揮して大いに活躍した。しかし寛文三年（1663）に諸家老の弾劾を受け、失脚して急死した。野中一族は元禄十六年（1703）に男子が絶えるまで宿毛に幽閉された。娘の野中婉は四女。」(9)

3　化け医者

(1)　意味

「化け医者」とはどのような意味か。考えてみると意外に複雑である。

母の言い伝えでは、女が丁髷《ちょんまげ》を結い、刀を差して馬に乗って男に化けていたからだという。つまり男性に化けたからだというのである。しかしそれだけではあるまい。最初はどうであれ、異なる時期、異なる立場の人々が、彼女に対して異なった受け取り方や様々な解釈をした呼称ではないかと考える。

一般に、言語というものは、時代や環境や状況や立場によって使い方が微妙にずれて変化するものであるから、同一語であっても多様な意味や使い方を持っている。

『日本国語大辞典』（小学館）を紐解くと、「化ける」も様々な意味が示されている。
①　形をかえる。化粧したり扮装したりして常と様をかえる。
②　異形のものに姿をかえる。狐、狸、年老いた動物、また、妖怪などが種々に姿をかえる。
③　転じて、その道で年功を積む。
④　本来の素性を隠して、別人のさまをよそおう。人を欺こうとして、それらしい恰好や、素振りをする。
⑤　全く違ったものにかわる。また、急に変化する。
⑥　博打に負けることをいう。賭博者仲間の隠語。
である。以上の②④⑥以外は、どれも当てはまるようである。
また、「化物」とは、
①　ばけて怪しい姿をするもの。
②　くわせ者。いんちきなやつ。
③　（医者の姿になって行ったところから）遊郭で遊女を買う僧侶のこと。

④　人形浄瑠璃社会で、専門家としての階梯を通らず、素人として年季を入れた人が玄人に転じた者をいう。必ずしも軽蔑した呼称ではない。
⑤　本筋の修業もしていない芸人で、何かのはずみに一躍人気を得た者。
⑥　詐欺賭博、または詐欺師をいう。盗人仲間の隠語。
である。

明らかに②③⑥は当てはまらないが、その他については参考にしたいところがある。

従って、阿波の人々が長きに亘って静庵を「芝原の化け医者」と呼んだのは、次のような意味合いであったと考えられる。

第一に、姿をガラリと変えた医者という意味。

第二に、男の医者の格好をした女の医者という意味。

第三に、普段とは見違えるほど美しく着飾った医者という意味。

第四に、年功を積んだ医者という意味。

第五に、年季をかけて本物の玄人になった医者という意味。

第六に、一躍人気を博するようになった医者という意味。

などである。他に、揶揄するような意味合いで、彼女を捉えたり囃したりしたこともあったであろう。

「化け医者」とは、技術を磨き、歳を積み重ねる中で、ある時期、ある場所で様々な立場の人々が囃した呼称であろう。

(2) 男装

江戸期に稀ではあるが、男子顔負けの女性がいた。例えば、「教育者で眼科医の高場乱（たかばおさむ、１８３１〜１８９１）は、九州博多生まれの人で、十歳から男装し、藩の許しを得て帯刀していたという。」(1)

古い絵図などを見ると、典医（幕府、大名お抱えの医師）は頭を剃った坊主頭をしていたが、町医者は髪を結んでいたようである。稲井静庵は、往診に向かう時、髪を茶筅髷に結い、刀を差し、馬に乗って出かけた。高子によれば、刀を差すのは医師の自覚と責任の象徴であったという。なぜそうしたか。一言で言えば、男性中心の社会であるから、男性と同じ仕事を持つには男装する必要があったからである。

静庵が往診に馬を使ったのはごく自然なことである。当時大半の農家は牛馬を飼っていて、特に芝原は競馬の盛んな土地柄であった。「芝原八幡神社の秋の例祭で、臨時に会馬（競馬）が催された。また毎月朔日と十五日には地乗りがあり、徳島藩家老の賀島氏が度々観覧に来た。」(2)

筆者の叔母（故中村八重子氏）が伝えたように、静庵は殿様の御前で男子に混じって乗馬を競ったらしい。彼女は若い頃から乗馬が得意であったようである。

身分がほぼ確立した寛文期（1661〜1673）は、幕府から農民に対する倹約令が度々出された。「寛文十年八月十三日（1670）の発布は、対象が農民のみならず町民にまで及んでいる。家屋・衣服・食料・醸酒・飲酒・耕作・乗り物・乗馬などに厳しい規制を課した。」(3)

徳島藩も百姓町人に対して行動の自由を制限する細々とした禁止令やお触れを出している。

「板野の阿波郡与頭庄屋に出された宝暦七年七月（1757）の『馬乗又は馬牽制道御触』は、路上の馬引きや乗馬の危害を様々に挙げて禁止し、百姓は郷道で武士に対して無礼が起きないように下馬せよとある。なかなか守られなかったようであるが、」[4]とにかく一般庶民が馬に乗ることを制限した。

静庵は医者身分であるから馬に乗ってもいい訳であるが、女であるから誤解を招きやすく簡単なことではなかった。そこで男装をして、丁髷を結い、着飾り、威厳を持たせて刀を差し、男性の医者同様にする必要があったと考える。

「男女を問わず、一般庶民が馬に自由に乗れるようになったのは、明治四年四月十八日（１８７１）のことである。また同年八月、士族に向けて断髪、脱刀を自由にする散髪・脱刀令が出された」が、士族には甘かったので、「明治九年三月二十八日（１８７６）に改めて廃刀令が出された。」[5]従って、静庵が化け医者と呼ばれたのは、江戸時代に限った話ということになる。

４　当主期間

「幕府は享保期（１７１６〜１７３６）になって商工業者の同業組合である株仲間の結

成を促した。」(1)「『国府町史資料』を見ると、酒造株を持った女性が「当主」と記された例がある。」(2) 亡き夫から酒造株を引き継いだ未亡人であろう。

静庵墓誌によると、萬蔵は放蕩無頼で大量の負債を抱え、家を倒産寸前に追いやった。静庵は已むを得ず彼に分異（別居）を求めたが、彼が応じなかったので、争訟積年、遂に官裁を請うた、とある。実際は別な事情があったであろう。萬蔵が結核を患ったという説に従いたい。彼は結核に罹り、長年家族の看護を受け隔離されたのであろう。しかし、たとえ彼が死亡したとしても、妻の未亡人がいるのであるから、静庵が家督を継ぐ訳には行かなかったであろう。

萬蔵の妻、すなわち静庵の姉（「観阿妙住大姉」）は、天保十三年（１８４２）に享年五十二歳で他界した。静庵四十三歳の頃である。墓石に「第七世萬蔵室」と記されている。萬蔵は既に他界していたであろう。そこで静庵は家督を継ぐことが許され、老母を養い、萬蔵が抱えた負債を悉く償ったのではないか。「観阿妙住大姉」他界の七年後の嘉永三年（１８５０）に、老母（「開雲霊光信女」）が他界した。静庵は家督を継いだ後、老母を養ったとある墓誌の記述に矛盾しない。

その後、静庵は、母方の宮本家から従弟の重蔵を養子に迎えて、家督を重蔵に譲った。重蔵が養子になったのは、良衛の誕生年（1855）より少し前のことであろう。従って静庵の当主期間は、姉の萬蔵室が他界してから重蔵を迎えるまでの十年前後の短い期間であったと考えられる。

家督を継いだ静庵が指針としたのは、農政家二宮尊徳（1787〜1856）の「尊徳仕法」ではなかったか。二宮尊徳は全国に名が知れ渡っていたからである。「『尊徳仕法』の大要は、『積小為大（小さなことからコツコツと）』、『分度（分相応の支出）』、『推譲（余財を将来に譲り、他人に譲るということ）』であった。」(3)

家督を継いだ静庵も質素節約して、多額の負債を焦らずコツコツと償っていき、貧しい患者には治療費を一切取らなかった。まさしく積小為大、分度、推譲の人生であった。

その頃、吉野川流域に位置する芝原は洪水が頻繁に起きた。特に「七夕水（天保十四年、1843）や、大風雨による諸川の大洪水（弘化四年八月、1847）や、酉の水（嘉永二年、1849）などの被害が酷かった。」(4)家督を継いだ静庵はそんな災害を乗り切って家の復興に向かった。養子の宮本重蔵は、養子になる以前から従弟の誼《よしみ》で稲井家の農事を手伝い、静庵を助けていたのではないか。

5　稲井家中興の人

稲井家では静庵のことを「稲井家中興の人」と呼んできた。「中興」と言えば、短期政権であったが、鎌倉政権を倒して再び天皇政権に戻した後醍醐天皇（１２８８〜１３３９）の「建武中興」を思い出す。多分そこからの名称であろう。なぜ静庵が稲井家中興の人なのか、次に経緯をまとめて、もう一度述べておく。

父利三郎は男子三人全てを失ったので、高畠村の萬蔵を養子に迎え、静庵の姉を娶らせた。家督を継いだ萬蔵は結核を患い、静庵は萬蔵を隔離して治療に八方手を尽くしたが、回復しなかった。家が破産しかかったので、静庵は自分が家督を継ぐ決心をして官裁を仰いだ。許可が長年下りなかった。姉が亡くなってようやく家督を継ぐことができた。老母を養って安心させ、萬蔵の負債を尽く返済した。

彼女は一生独身を通したので、母方の宮本重蔵と加藤家のツネを夫婦養子にして家督を重蔵に譲った。彼女の当主期間は十年前後と短かった。その後、彼女は重蔵と力を合わせて家を支え、質素倹約の暮らしをして家を元通りにした。安政二年十月四日（１８５５）、重蔵四十歳、ツネ三十三歳の時、稲井家に待望の長男（良衛）が誕生した。

世が改まった明治三年三月五日（１８７０）、重蔵は静庵に先立って他界した。静庵は孫の良衛を明治三年十一月開校の徳島藩立医学校に入学させた。医学校は明治五年（１８７２）の学制改革により廃校になったが、医学生救済と藩民治療のために医学校の元教授藤本文策らが医学講習所（好生義社、後の医生講習所）を創立したので、良衛はその後も医学を続けることができた。藤本文策は林立閑の子で、静庵と立閑とは七条文堂の同門であった。良衛の医学修業にはそんな縁も働いていたであろう。良衛が政府公認の医師となり、静庵は大いに喜び、ますます彼に激励を加えた。

その後の稲井家が存在するのは静庵の御蔭である。それで静庵のことを稲井家では感謝の気持ちを込めて「稲井家中興の人」と呼ぶのである。

第4章　静庵以後

1　重蔵の時代

静庵から家督を継いだ重蔵は、日本が大きく変わっていく激動の時代に、身を粉にして家業に勤しみ、新しい日本の姿を見ることなく静庵に先立って生涯を終えた。

重蔵の子の良衛が生まれたのは安政二年十月四日（１８５５）であるから、前年の嘉永七年・安政元年（１８５４）には、重蔵とツネは稲井家の夫婦養子になっていたであろう。

さて、その頃の日本の歴史の流れを覗いてみよう。静庵や重蔵夫婦は、島崎藤村の小説『夜明け前』の主人公青山半蔵のように、複雑な気持ちで迫り来る新時代を感じていたのではないであろうか。

「嘉永六年六月三日（１８５３）、アメリカのペリーが浦賀に黒船（アメリカ東インド艦隊四隻）でやって来て、日米の通商を迫った。黒船来航の知らせは日本中に知れ渡った。その翌年の一月十六日（1854）、ペリーの黒船（軍艦七隻）が江戸湾にやって来て、通商をせかした。幕府はペリーの派手な示威行動で譲歩し、三月三日に日米和親条約を結んだ。」(1) いよいよ幕府は外交の政策転換の舵を切った。

以前に阿波でも黒船騒ぎがあった。「明和八年七月（1771）に、海部郡日和佐浦（美波町）に黒船一隻が漂着した。ロシアと戦って捕虜になっていたポーランド軍所属のハンガリー人が、仲間とロシア船を奪って南下し、故郷へ帰る途中に漂着したのであった。その時、藩は薪や食糧を与えて厦門（アモイ）に向かわせた。また文政十二年十二月（1829）に、イギリス船が日和佐の千羽海岸に接近しようとしていたことがあった。地元人が水と薪を与えて立ち去るように手招きをした。藩は打払いを決定し、船が出羽島沖で停泊していたところを火器で威嚇して追い払った。」(2) その後、鮎喰川の方角から芝原にも射撃訓練の大砲の音が轟いた。

「安政元年十一月四日（1854．12．23）、東海地震が起き、翌日に南海地震が起きた。二つの震源地が連動した東南海トラフ地震である。」(3)

阿波では「阿南市から海陽町にかけての南部の津波被害が甚大であった。津波は徳島市川内町辺りも襲った。吉野川の渡し船の乗員、船頭が行方不明になった。徳島市の中心部では、通町、八百屋町、新内町、幸町で火災が起こり、多数の家屋が焼失した。鳴門市、名西郡、板野郡で家屋倒壊が相次いだ。三好市では山腹崩壊が発生した。余震が翌朝まで二十五回ほど続いた。地震発生から十日間で藩が把握した家屋被害は一万棟であったが、死者は約百五十人であった。」(4)冬場のことであっただけに、特に野宿で夜を明かした人々は、寒さと恐怖に震え、喉が渇き、ひもじい思いをしたことであろう。「国府においても家屋の倒壊があり、居住に難渋した人々にお手当が支給されるよう郡代に申請があった。」(5)重蔵夫婦が入籍したばかりの頃である。静庵（五十五歳）はじめ、重蔵夫婦も屋敷の竹藪で夜を明かしたことであろう。

「翌年の安政二年十月二日（1855）、江戸では直下型の大地震が起きた。家屋が倒壊し、火災が起き、死者七千人余、重傷者二千人余に及ぶとみられたが、それ以上であったろう。」(6)遠く離れた江戸の地震と言うなかれ。全国的に不況が波及し、諸物価が高騰して幕府のみならず各藩の財政もより苦しくなっていった。

同年十月四日（１８５５）、稲井家では重蔵、ツネの間に良衛が誕生した。孫のお産の診察助産をした静庵の顔の綻ぶ様子が目に見えるようである。

黒船の脅威を受けた幕府は、海軍力に力を入れると共に、洋学を一層進めることになる。一方、幕府の不甲斐なさに反発した勢力、尊王攘夷派が勢力を伸ばして、幕府と鋭く対立するようになる。

「安政四年七月（１８５７）、阿波徳島は大暴風と出水に見舞われた。国府を中心とした一帯は家屋の全壊が百軒近く、半壊が三十軒近くあった。」(7)芝原村は元々洪水地帯であるが、稲井家は、普段から質素倹約に努めていたし、家屋の損壊はほとんどなく、水害は凌げたであろう。

「長崎で修業したシーボルトの高弟の伊東玄朴が江戸で種痘法の普及に力を入れ、安政五年五月七日（１８５８）に江戸お玉が池に種痘所（東京大学医学部の前身）を立ち上げた。」(8)阿波では既に井上不鳴が嘉永二年（１８４９）頃から各地で種痘を行った。

「安政五年七月（１８５８）、長崎で流行したコレラが海路を通じて江戸に飛び火し、八月は大阪、九月は京都で流行し、東北まで及んだ。」(9)情報不足も手伝って医師も恐怖に震えたことであろう。コレラは以前の「文政五年（1822）、八月から十月にかけて朝鮮から対馬を伝って下関（山口県）に伝播し、萩（山口県）で流行して山陽道を介して大坂（大阪）にまで達した。その時は大坂辺りで留まって終息した。」(10) コレラの流行に対しては効果的な術がなかったから、人々は「ころり」と呼んで恐れた。

日本経済にも変化が起きた。「外国への門戸を広げて貿易が盛んになるにつれ、生糸が不足して価格高騰が起き、織物業などに支障をきたした。」(11)

「万延元年（1860）と万延二年（1861）、阿波の国府も諸物価が高騰して暮らしに難渋する人々が多数いて、お手当て銀が支給された。」(12)

「文久元年六月三日（1861）、シーボルトの門人、伊東玄朴が脱疽（だっそ）患者の肢切断治療でクロロホルムを麻酔に使った。彼は江戸蘭学界の第一人者である。」(13)

「同年八月十六日（1861）、幕府は長崎に日本最初の洋式の医学校である医学所を設立した。長崎大学医学部の前身である。」(14)

純一が熊本医学専門学校を選んだのは、九州方面の医学が進んでいたからだと筆者は高子から聞いたことがある。シーボルトが長崎で鳴滝塾を開いたことや、洋式の医学所が長崎に設立されたことなどが純一に影響を与えたのであろう。
「慶応元年六月二十四日（１８６５）、坂本竜馬、中岡慎太郎の二人と西郷隆盛とが会見し、坂本らは長州藩が薩摩藩から武器を購入することを約束させた。」[15] また「慶応二年一月二十一日（１８６６）、京都の薩摩藩邸で坂本竜馬の仲介によって薩摩・長州の秘密同盟が結ばれた。」[16] 坂本竜馬は、土佐藩を脱藩した一浪人であったが、彼の活躍によって倒幕が現実化して、日本の夜明けは間近であった。
「慶応二年（１８６６）は、数年来の天候不順による不作で物価が高騰し、生活困窮者が増え、全国各地で一揆や打ちこわしが行われた史上最高の年で、世はいよいよ乱れた。」[17]
「その年の八月七日（１８６６）、阿波では大洪水（寅年の洪水）が起きた。飯尾川は土砂で埋まった。」[18] 芝原の蔵珠院に碑が建っていて、寅年の洪水の悲惨さを物語っている。稲井家でも部屋の中に水痕が残っていたとい

蔵珠院の水痕（芝原）

う。静庵や重蔵夫婦や良衛や家人たちは、屋根裏部屋に上がって水が引くのを待った。小家はぷかぷか浮いて流されていったという。

「慶応三年七月（１８６７）、三河でええじゃないかの狂乱が始まり、全国に流行した。十月には阿波にも広がった。『ええじゃないか』と囃し立てて踊り狂い、騒ぎのうちに大政奉還が行われた。幕府の倒壊の予感や開放感の高まりが人々をそうさせたのである。」(19)

「慶応四年一月十日（１８６８）、遂に将軍徳川慶喜が官位を奪われ、幕府領は新政府の直轄となった。七月十七日、江戸は東京に改められた。八月二十七日、明治天皇が即位し、九月八日、明治と改元された。」(20)しかし、世の仕組みが急に変わるはずもなく、幕府が明治政府に入れ替わり、藩主が藩知事となったに過ぎず、庶民は相変わらず重税に苦しんだ。王政復古の大号令で成立した維新政府は、「慶応四年一月十二日（１８６８）に年貢半減令を出してみたもののたちまち取り消して、八月に当分旧幕府の税法を踏襲することとし、新規の雑税を増徴した。」(21)

「明治三年二月（１８７０）、政府はドイツ医学を採用することとし、四月二十四日に種痘の実施を府藩県に厳命した。」(22)同三年三月五日（１８７０）、稲井重蔵は五十五歳の生涯を閉じた。良衛十四歳（満）の時で、徳島医学校入学前のことであった。重蔵は新しい日本も良衛の医師資格の獲得も見届けることなく没した。

ところで、徳島市国府町川原田の本田家に稲井家から嫁いだ女性が二人いた。一人は良衛の四女ユキノで、本田房太郎氏の許に嫁いだ。もう一人はユキノより先に本田家に嫁いだ女性がいた。本田家の位牌に「智照得圓大姉」（大正十年、１９２１没）とある女性である。本田家の除籍謄本によると、故本田富士吉氏の妻に「イク」という人がいた。富士吉氏と良衛とは同じ安政二年生まれであるところから、「智照得圓大姉」はイクで、重蔵の娘、良衛の妹であろう。戒名から想像すると、彼女は賢くて何事にもよく気がつき、本田家によく馴染み、円満な人柄であったと思われる。

高子によると、良衛は近隣の結婚式場で「上は上座中は中の間下は板の間我は下々のせせなぎの縁」と即興で歌を歌ったという。それは本田富士吉氏とイクとの祝言の席でのことであろう。父重蔵は他界していたが、母ツネは生存していて祝言に参列したであろう。良衛は何かの都合で遅れ、近隣の人々の接待で下々の席にやられたのではないか。

稲井家の当主であったとは言え、花婿と同年で若かったために単なる村の客人と間違われたのではないであろうか。

2　良衛の医学修業

「阿波藩は医師の養成に力を注ぎ、寛政七年（1795）に京都から本草学の大家であった小原春造を招き入れて藩医とし、彼の居宅を医師学問所に当てて医学教授並びに物産調査役に任じた。その後、医師学問所は春造居宅の沖洲町舟戸南から安宅町天文台構地付近、そして塀裏町（幸町）へと場所を移し、明治三年（1870）九月に巽浜（たつみはま、市役所南）に新築移転して、俗に巽浜医学校と呼ばれた。医学校は医師学問所の頃から西洋医学を目指していた。」(1)良衛が入学した徳島藩立医学校のことである。良衛の入学は、三月に父重蔵が他界して、家督を継いだばかりの年であった。

「徳島藩立医学校創設の中心人物は関寛（ゆたか）（務、後に寛と改名、蘭方医、1830〜1912）であるが、校地の寄付に一役かったのは教授の藤本文策である。」(2)

文策は林立閑の三男で、立閑と静庵とは七条文堂の同門であったから、良衛の医学校入学はそんな縁も少なからず手伝っていよう。「医学校開校当時、生徒数は二十数名だった。」(3)良衛の場合、従来の医術については、静庵の指導によってある程度習得していたと思われ、入学前のレディネス（学習の下地）は十分であった。

医学校は、明治五年（１８７２）の学制改革によって廃校となった。しかし、「元教授の藤本文策らは、医学生の救済と藩民の治療のために好生義社（後に好正社と改称）を創立し、医学教育を存続させた。それは更に医生講習所と改称し、明治十二年（１８７９）に高知県立徳島病院となった。」(4)そんな訳で、良衛は医学校廃校後も医学を続けることができたと考える。

明治二年（１８６９）、明治政府はドイツ医学の採用を決定したが、「その頃の地方の医学校ではドイツ医学だけでなく、オランダ、イギリス、フランスなどの西洋医学を採用していてバラバラであった。ドイツ医学の優位性が確立するのは、明治十五年（１８８２）、政府が三名以上の医学士（当時は東京大学医学部の卒業生のみ。）を教師に持つ医学校の卒業生は無試験で医師免許を得られると定めたときである。」(5)

「明治八年（1875）、文部省は西洋医学を内容とする医術開業試験（東京・京都・大阪）を通達し、明治十一年（1878）に実施して以降、漢方医は西洋医に取って代わられることになる。それまで開業していた漢方医は生涯既得権が与えられた。」(6)

従来の漢方医はそのまま存続が認められたが、医師と言えば、西洋医でなければならない時代となった。と言っても、当時は西洋医が治療面で従来の医師より格段に優れていたという訳ではない。例えば「脚気は、白米常食のため、結核と共に日本の二大病である。明治十一年（1878）七月十日に東京神田神保町に府立脚気病院が設立された。」(7)そこで「西洋医と従来の漢方医とが脚気治療を競った。」(8)科学的な解明には至らなかったとは言え、経験知に勝る漢方医に軍配が上がったことはよく知られているところである。当時の西洋医は脚気治療の方法を知らなかったが、漢方医は麦を食べる者は脚気に罹らないことを経験上知っていた。

後に「明治三十八年三月二十九日（1905）、陸軍が兵隊の脚気予防のために、米七、麦三の混合食を奨励した。」(9)日露戦争中でもあり、背に腹は変えられず、日本人の知恵を急遽生かした形である。とうとう「明治四十三年十二月（1910）、鈴木梅

良衛（神田にて）

太郎が脚気の治療に有効なオリザニン（後のビタミンＢ１）を発見した。」(10)

東京遊学先と思われる良衛の写真が残されている。「明治十四年二月（１８８１）」とか「二十五歳」とかの書き込みがある。「二十五歳」は満年齢であろう。洋服姿で立派な鎖のついた懐中時計が胸ポケットに収まっている。時と場所とを同じくしたもう一枚の別な写真には「於神田」とある。「神田」が撮影場所なのか、研修場所なのかは決め難い。良衛がどのようにして医師資格を取ったのか、具体的なところは不明であるが、その頃には医師資格を有していたと思われる。

静庵墓誌に「学業大いに進み、官、醫師と為ることを准（ゆる）す。静庵大いに其の成有るを喜ぶ。益々激勵を加ふと云ふ。」とあるが、静庵はそんな孫の医師誕生を見届けて、翌明治十五年九月二十六日に大往生した。

3　明治の疫病事情

江戸時代から引き続き、インフルエンザ、コレラ、天然痘、赤痢、腸チフス、結核、脚気、麻疹、梅毒、ハンセン病（癩）、トラホームなどが流行した。また、国際交易が盛んになった結果、大陸から新しくペストが上陸、脅威となった。コレラやペストといった治療法のない致命的な感染症は、当時の医師にとっても命の保障がなかった。良衛は時々憂愁の表情を浮かべたであろう。

「明治十年八月（1877）、上海よりコレラが長崎、横浜に上陸して、九月十四日東京で発生した。」(1)コレラはその後も脅威となって続いた。「明治十二年三月十四日（1879）、愛媛の松山でコレラが発生し、全国的な広がりの兆候を見せ、同年六月二十七日（1879）、政府は早速予防策を講じた。上下水道の衛生管理や石炭酸による消毒や病人の避病院への隔離などであったが、政府の強引な隔離政策に加えて、民衆の無知や政治への不満などのために、全国各地で暴徒化し、コレラ一揆が頻発した。」(2)

「明治十五年五月二十九日（1882）、コレラが発生、晩秋にかけて流行、東京で死

者五〇七六人、全国で死者三万三七八四人に及んだ。」(3)

「明治十八年三月（１８８５）、女性第一号として昨年に医術開業試験に合格した荻野吟子が、上野西黒門町で医師の開業をした。この年も赤痢、腸チフス、コレラが流行して、死者は数万人であった。」(4) 彼女は医師として緊張感走る門出の年になったであろう。

「明治十九年（１８８６）、昨年発生したコレラが夏から秋にかけて全国的に大流行となった。患者一五万五九二三人、うち死亡一〇万八四〇五人であったという。致死率が約七割ということになる。六月から八月にかけて、旱害のため新潟、神奈川など各県、大阪府下で農民の水騒擾が頻発した。またこの年に天然痘や腸チフスによる死者が三万人以上出た。」(5)

「明治二十三年二月（１８９０）、インフルエンザが流行した。病原ウイルスの発見は昭和八年（１９３３）まで待たねばならなかった。六月に長崎で発生したコレラが全国に広まり、患者四万六〇一九人、死者三万五二二七人を出した。」(6)

コレラを対岸の火事と言うなかれ。徳島県においても、「明治二十三年（１８９０）、二十八年（１８９５）、三十五年（１９０２）の三回の大流行があって、明治二十三年

は六百四十七人、二十八年は四百四十八人、三十五年は二百十四人の患者が出た。」(7)

そう言えば、北原白秋（1885～1942）は、詩集『思い出』（明治四十四年、1911刊）の冒頭の散文で、幼年時代に故里の柳川（福岡県南西部）でコレラが流行したことを書いている。海に近い沖端では、昼は石炭酸の異臭がして、夜は病魔退散の花火が盛んに打ち上げられ、コレラは九月に入っても止まなかったと書いている。そして「青き甕」という詩には、「青き甕にはよくコレラ患者の死骸を入れたり、これらを幾個となく擔ぎゆきし日のいかに恐ろしかりしよ、七歳の夏なりけむ。」という前書きがあるので、これは明治二十五年（1892）頃のことか。また白秋は三歳の時（明治二十一年、1888）に劇しいチフスに罹り、付き添っていた乳母が罹ってしまって、彼の代わりに死んでしまったという。そのことが『思い出』の「恐怖」、「乳母の墓」といった詩を生んでいる。

「明治二十五年（1892）は天然痘が流行し、全国の患者三万三七七九人、死者八四〇九人であった。明治二十六年（1893）も昨年に引き続いて流行し、患者四万一八九八人、死者一万一八五二人であった。また赤痢が流行し、患者十六万七三〇五人、死

者四万一二八四人を出した。」(8)

「明治二十九年（１８９６）、赤痢で死者が二万二三五六人、腸チフスで死者が九一七四人出た。その翌年十二月二十五日（１８９７）、志賀潔が赤痢菌を発見して医学上の進展を見たが、それは序章に過ぎず、明治三十二年（１８９９）になっても赤痢が流行した。またペストが流行した。」(9)「コレラ流行期を除くと、明治年間において赤痢の死者の数が最も多かった。」(10)

赤痢は徳島県においても最も身近な疫病であった。「明治以後、規模の違った流行が絶えずあって、明治十八年（１８８５）の流行は全県に広がり、患者総数一万五二六三人、死亡三〇五六人で、死亡率が約二割であった。」(11)第二次世界大戦直後にも夏に流行したことを筆者は記憶している。

「明治三十二年（１８９９）は赤痢も流行したが、ペストが流行した。十月に広島で発生し、神戸、大阪へと広がった。また、明治三十五年十月六日（１９０２）には横浜で発生し、十二月には東京に飛び火した。」(12)令和時代（現代）のコロナウイルスの流行と同じで、「当時のペストも最初は濃厚接触者が数名であったが、たちまち全国各地に

広がった。」(13)

「明治四十二年十二月（１９０９）、ドイツにおいて秦佐八郎とエールリヒが梅毒の特効薬であるサルバルサンを発見した。」(14) ここに来てやっと明治政府がドイツ医学を採用した決断が報われ始めたと言うべきである。

トラホームは戦後によく流行っていた。昭和生まれの我々にとって最も身近な感染症で、戦後の眼科医院はいつもそんな患者で溢れていた。「江戸時代から海岸地方で蔓延していた風土病であるトラホームは、明治になっても蔓延し続け、本県人口の一割以上が罹っていた」(15) と推定されている。今日では衛生状態がよく、抗生物質のお陰で珍しい疾病になっている。

結核はあまりにもよく知られた病である。古くは労咳などと呼ばれて、感染力が強く、江戸期には珍しくない感染症として広く蔓延していたし、明治になっても蔓延し続けた。第二次世界大戦後にストレプトマイシンの使用で下火になった。

大正期に純一に診てもらった患者の話であるが、純一は「大したことはない、大したことはない。」と口癖のように言っていたという。これまで述べたような厄介な疫病を常に意識して、この程度なら治せるという医師としての安堵感と自信の混じった言葉ではないか。純一の診察姿が目に浮かぶような逸話である。

　医学も科学として技術の進展を伴う。単なる医学知識ではどうにもならないのである。薬剤や医具や診療機器の製造が可能になって治療が進むのである。

　当時の医具は、どんなものがあったであろうか。

「細菌学が輸入された当時（明治二十三年、１８９０）、顕微鏡が普及し始めたが、輸入品であまりにも高額で、当時の開業医の持てる物ではなかった。注射器も初め輸入に頼っていて高額であったので、一般の医者は手に出来なかった。ガラスの注射器を使った注射療法が普及したのは明治の後期になってである。日本にはガラス製造加工の技術が存在していたからである。また、明治二十五年（１８９２）に検温器が東京で一円（米十キロ相当）ほど、聴診器も水牛製の一円から象牙製の二、三円までで買えたので、医師の誰もが携えた」[16]という。それで聴診器は医者のシンボルになった。良衛も体温計や聴診器は所持していたであろう。

4　暮らしの環境

(1)　地所

高子は幼い頃の屋敷の様子を実に細かく記憶していた。彼女の記憶から当時の暮らしがある程度想像出来よう。比較的いい暮らしであった。

旧稲井家最後の時（高子五歳時）でも、敷地二反（六百坪、約二千平方メートル）と畑地四反（屋敷の東側三反と西側一反）、合わせて六反（千八百坪、約六千平方メートル）程あった。昔はもっと南北に広がっていたという。

江戸期の本百姓は十石（一町相当）以上の者を言った。しかし明治期に大黒柱の夭逝で経済的支柱を失い、稲井家は地所を大幅に減らした。

高子の言い伝え通りに屋敷の話に移ろう。

周りは槇囲いになっていて、南の道路沿いに正門があった。正門の西側に厠があった。正門の中に入ると、両脇に約三十メートルの桜並木があった。その先に広い庭があって、村人が大勢集まって作業をしていたという。庭に面して南向きに母屋が立っていた。母屋の出入り口に数段の低い石段があった。出入り口の右側に小窓が開くようになっていて、そこで薬の受け渡しをした。

母屋の西隣に白壁の納屋があった。納屋の北に楠の木があった。反対側の東端は、黒塗りの中門になっていた。家族は普段そこから出入りしていた。中門の外は南北に小道があって、南の通りに出られた。母屋と中門の間に鶏小屋や七面鳥（３羽ほど）の小屋があった。七面鳥の小屋は相当大きなものであったという。中門寄りに南から北へ枝垂れ桜、八重桜、松（北東隅）が植わっていて、楓も混じっていた。

屋敷の裏手に果樹園が東西に二つあり、その二つの果樹園の間にせせなぎがあって、母屋の勝手口から生活排水が流れていた。東の果樹園とせせなぎの間にも楠の木があった。

果樹園には、どちらか不明であるが、ザボンが一本（良衛娘シゲリが植えたもの）、金柑が二本、温州蜜柑が三本、夏蜜柑が七、八本、他にネーブルや橙があった。また屋敷の北西の隅にスダチの木があって、そこらに笹藪があった。

故旭勝氏（国府町和田）が一雄に語ったことがある。旭勝氏は加藤家から旭家に嫁に

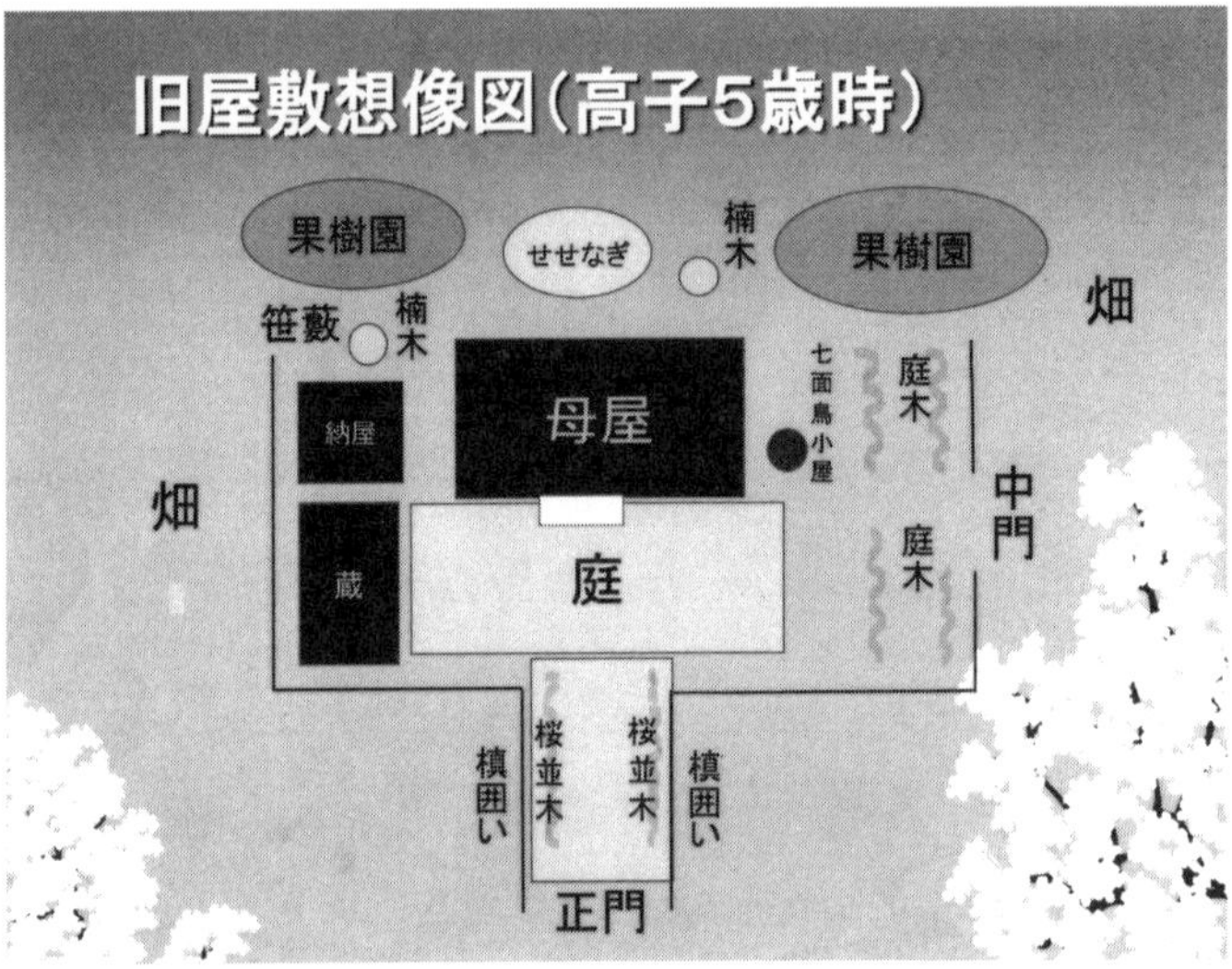

旧稲井家の見取り図

行った母親（始ヱの妹）の長男で、伝統工芸の阿波しじら織りに携わっていた。「子供の頃は稲井の家まで出かけて行って、子供ばかりでよく遊んだもんじゃ。あの家は広かったからなあ。」と言った。純一の時代に畑地の大幅な縮小があったとは言え、屋敷の広さは従来のままであったのであろう。

母屋と中門との間に鶏小屋や七面鳥（3羽ほど）の小屋があった。七面鳥とは、いかにも富裕な西洋医の屋敷らしい。江戸期までは鶏の他に馬も飼っていたはずである。

「藍師の屋敷は城構え」と言われたよう

に、稲井家は芝原で「高石垣」と呼ばれる屋敷であった。高い石垣を組んで敷地に盛り土をし、その上に家を建てた。暴風雨が直接被害を受けないように堅牢な土蔵を隣接させ、北側に楠木などの高木を植え、母屋は屋根裏部屋付き桧造りの比較的低い家屋であったであろう。

(2) 作物

昔の芝原村は水田耕作に向かなかったから、藍や陸稲を植えていた。陸稲は主食とするが、現代の白米に比べると相当まずい。高子の幼少時（大正時代）に、村人たちが庭に十人ほど集まって、歌を歌いながら藍を打っていた（唐棹打ちか）という。しかし、母が尋常高等小学校に通う頃には桑畑に変わり、卒業時（稲井家没落時）には用水ができて、水田耕作をするようになったという。芝原での水田耕作は昭和になってである。

明治四年九月七日（１８７１）、維新政府によって田畑の作物が自由に栽培できる田畑勝手作が許された。それで、江戸期とは作付けの様子が異なるかも知れないが、明治、大正期の稲井家で収穫していた作物をランダムに挙げると、藍、陸稲、麦、稗、粟、黍、大根、ゴボウ、空豆、大豆、南京、サンド豆、スイカなどである。

以上の作物を三つに分類してみる。

一つは、陸稲（米）や藍とその裏作物である。米の裏作は麦、空豆である。米と同時期の藍は、麦→藍→大豆というふうに作付けをした。年に三度取れるところからその名があるサンド豆は、田畑の縁に他の作物と並行に植えることが多い。

もう一つは、大根、ゴボウなどで砂地に適している。土が硬ければ根を真っ直ぐに下ろさないからである。

更にもう一つは、南京、粟、稗、黍などで、それらは荒地に強い作物である。

以上から、稲井家の畑地はかつて単に広かったというだけでなく、水はけがいいという点で共通するが、やや地質の違った畑地の集合であったということが言えないか。大黒柱の良衛が若くして亡くなり、純一の学資や多くいた家族の嫁入り支度のために地所を売却したが、それでも畑地は四反程あった。

作物の種類が多いのは別な理由がある。旱魃や病虫害や水害などの被害を和らげるためである。作物を一つに絞ってしまっては凶作時に全滅の恐れがあって飢えてしまう。

作物は種類が多く、場所が異なる方がよい。穀類や豆類は貯蔵が効くし、大豆は醤油や味噌ができるし、米は甘酒が作れるし、大根は干したり沢庵にして保存食になる。

果樹園にはザボン二本、金柑二本、温州蜜柑三本、夏蜜柑七、八本、他にネーブル、橙などがあった。また屋敷の北西隅にもスダチの木があって、付近は笹藪になっていた。どんな笹か知らないが、竹の子が採れて食用になったであろう。果樹園のザボン（種類は不明）は阿波では珍しく、純一が医専の頃に熊本にいたためか、純一の弟が博多（福岡）で寿司屋をしていた関係であろう。ネーブルも洒落ていて明治になっての果実であろう。

以上、稲井家はある程度自給自足できる状況であったことが窺える。

最後に（稲井静庵）

最後に、稲井静庵についてまとめておく。

静庵（1800〜1882）は、江戸期に活躍した女性医師である。暴れ川で有名な四国三郎（吉野川）の下流域、阿波の藍作地帯に属した名東郡芝原村で、農を営む稲井利三郎の次女として寛政十二年（1800）に生まれた。幼少名は、褻の呼び名が「オシズ」、本名「シズ」である。

幼少の頃に兄弟の死を目の当たりにし、自身も虚弱体質であったために、両親の勧めに応じて医師を志した。文化十一年（1814）の志学（十五歳）に医術の道に入った。最初は近隣の複数の医師の影響を受けたと思われる。その後、経験豊富な博識の名医、「合財医者《がっさいいしゃ》」と呼ばれた七条文堂に出会って師事をした。刻苦して医師修業に励み、文政四年（1821）の二十二歳の時に業成って静庵と号し、自宅で医師を開業した。その頃の医術は、江戸初期に比べて著しく進歩していた。専門は産科、整形外科（整骨術）、内科である。様々なタイプの女性医師は古より多くいたであろうが、江戸期の男性中心の医師養成システムに入り込んで男性と肩を並べた女性の医師開業は世界的に見ても稀で、ニューヨークのジニーヴァ医科大学を卒業し、アメリカで最初に医師資格を獲得したElizabeth Blackwell（１８２１～１９１０）に先駆けること二十七年前のことである。

静庵は馬で往診に出かけた。当時一般庶民は乗馬が禁止されていて、女性の乗馬はままならなかった。そこでそうした誤解を回避するために、彼女は、まるで男性の医師のごとく丁髷を結い刀を差し男装をして馬に乗った。芝原村は競馬が盛んな地であったから、彼女は若い頃から乗馬が得意であった。往診時の特異な格好から「芝原の化け医者」との異名を取った。「化け医者」とは、異なる時代や地域における様々な人々の思いのこもった呼称である。遠近問わず患者が多かった。医術の知識が深まり、技術が進むにつれ、次第に視力を失い、遂に失明したが、いよいよ発奮して医道いささかも揺るぎなく腕が冴えた。普段は柔和で心優しかったが、仕事になると冷静沈着で判断に揺るぎなく言行態度も男子と変わりがなかった。勘が鋭く針に糸を通し、薬の調合なども自ら行った。人の足音を聞いてその人が誰かを言い当てた。

江戸時代の医師は治療費がその都度入ってくるわけではない。一般に盆暮れの二回に分けて支払われた。払ってもらえない場合もあるが、あえて催促することをしなかった。各家の経済事情や通り相場や慣習などに従い、それぞれの志に従って支払われた。銭の代わりに農作物で支払われることもあった。大正時代になっても治療費の払えない家庭があり、純一の許へ治療費の代わりに農作物が家屋の土間に置かれたことがあった。

医は仁術と言われ、医師は患者の「尊卑を選ばず、貧富を問わず、謝儀の多少を論ぜず」（熊本藩「再春館」壁書）であった。

稲井家では静庵を「稲井家中興の人」と呼んでいるが、それは次のような経緯からである。

父利三郎は男子三人全てを失い、高畠村の萬蔵を養子に迎えて、静庵の姉を娶らせた。しかし家督を継いだ萬蔵は結核を患ったために、家はほとんど破産した。そこで静庵が家督を継いで老母を養って安心させ、萬蔵の負債を尽く返済した。

彼女は一生独身を通したため、母方の宮本重蔵と加藤家のツネを夫婦養子にして、家督を重蔵に譲った。彼女は重蔵らと力を合わせて家を復興させた。重蔵、ツネの間に孫の跡継ぎが生まれた。それで静庵のことを「稲井家中興の人」と呼んでいる。

稲井家の待望の孫良衛が誕生したのは安政二年（１８５５）である。父の重蔵は明治三年（１８７０）に静庵に先立って他界したが、静庵はその年十五歳になった良衛を徳島藩立医学校に入学させた。医学校は明治五年（１８７２）の学制改革により廃校になったが、医学生救済と藩民治療のために医学校の元教授藤本文策らが医学講習所（好生義社、後の医生講習所）を創立したので、良衛はその後も医学を続けることができた。藤本文策は林立閑の子で、静庵と立閑とは共に七条文堂の同門であった。そうしたことの縁も手伝って、良衛は医師免許取得まで漕ぎつけたのである。

幕府が倒れ、武士がいなくなり、世が改まって明治になっても、しばらく従来の医師は存続が許された。従って明治になっても、静庵は体力の可能な限り患者の薬の調合や出産の立ち会いぐらいはしたであろう。

明治十五年九月二十六日（１８８２）に生涯を終えた。享年八十三歳であった。翌年、良衛は祖母の一周忌に、当時徳島中学校校長だった新居敦二郎（徳島藩家老新居水竹の子）に静庵墓誌の揮毫を依頼した。

静庵が他界した二、三年後の明治十八年三月（１８８５）、西洋医学内容の医術開業試験の後期試験に合格した荻野吟子が、日本における女性の第一号医籍登録者になった。静庵は以前に「これからは西洋医の時代ぞ。」と家族に語ったことがあった。荻野吟子らの熱心な働きかけもさることながら、江戸から明治にかけて各地に静庵のような女性医師がいたからこそ、明治政府は女性に新制度の門戸を開いたのではなかろうか。

女性が職業人として男性同様に社会で羽ばたくのは、どこの国もごく最近のことである。静庵のように男性医師と肩並べただけでなく、家事や当主の仕事までもこなした女性は世界的にも稀と言ってよい。

あとがき

この研究は筆者が子供の頃に母から先祖の話を聞いたことがきっかけである。戦災で家財を消失したこともあって、証拠がほとんどなかったので、その件を棚上げにして年月が過ぎた。

大学卒業後、紆余曲折を経て帰郷し、高校教師となり、母の話を思い出し、該当人物の一証拠（静庵墓誌）を発見した。その人物は顕彰の価値ある人物であることを確信したが、何しろそれ以上の証拠が少なかった上に、記述する科学的な方法が見出せなかったために、研究は遅々として進まなかった。

職場から大学院へ行く機会を得て、「現象学」や「質的研究」や「構造主義」や「構造構成主義」といった方法論的哲学を漁った結果、やっと記述の決心をした。科学も研究者の主観が作用している。自他の主観を合わせて「間主観」という方法を使えば、最終的により真実に到達するであろう。かと言っていくら正確さを目指しても、誤りを恐れず推理の翼を存分に広げることにした。その結果、稲井静庵とその一族について思い存分に述べることができたと思う。至らぬ点や誤りがあるであろうが、将来誰かが批判修正してくれることを期待したい。

執筆途中に大腸癌を患ったが、日進月歩する最新の医学に救われた。それに筆者は生後四ヶ月の頃、徳島大空襲から奇跡的に救い出されたこともあった。今回もまた九死に一生を得たのである。筆者が喜寿（七十七歳）を過ぎてこうして生きて来られたのは、先祖の生命力の逞しさと周囲の人々の愛と世界人類の叡智のお陰である。

もう一つ述べておきたいことがある。それは貧しかった母が伯父の援助で職業教育を受けて手に職を身につけたことである。筆者が大学に行けたのは、もちろん父のお蔭もあるが、母の内助の功が大きい。教育の大切さ、ありがたさというものを声を大にして強調しておきたい。

最後に、稲井静庵を医学界に紹介してくださり、執筆のためにご指導いただいた大阪大学名誉教授の太田妙子先生に格別の謝意を申し上げたい。

原註（参考・引用文献の箇所）

＊本文の具体的な数値は、以下のいずれかの文献から引いた。

第Ⅰ部　母は語り部

第１章　母の話

（１）『蘇鉄　鈴江病院百五十年の歩み』（近藤博之編、鈴江病院、1988）283
（２）『日本全史　ジャパン・クロニック』（編集委員　宇野俊一他７名、講談社、1991）886（年表、8.16），887「初の洋式医学校」
（３）『日本国語大辞典　第七巻』（日本大辞典刊行会編、小学館、1977）165
『日本大百科全書（ニッポニカ）』（小学館、カシオ電子辞書　EX-word）「山崎宗鑑」
（４）『ブリタニカ国際大百科事典』（小学館、カシオ電子辞書　EX-word）「都々逸」
『日本全史　ジャパン・クロニック』（編集委員　宇野俊一他７名、講談社、1991）845（年表、8. –）「寄せの床が抜けた！」
（５）『日本大百科全書（ニッポニカ）』（小学館、カシオ電子辞書　EX-word）「亥の子」

（６）『徳島県の歴史　県史シリーズ36』（福井好行、山川出版社、1973）133 - 134, 178 - 179
（７）『日本全史　ジャパン・クロニック』（編集委員　宇野俊一他７名、講談社、1991）840（年表、この年）, 841「天保の大飢饉さらに深刻化」
（８）上に同じ。872（年表、11.4）, 873「東海・南海地方に地震あいつぐ」
（９）「徳島市の高地蔵」徳島文理高等学校郷土研究部、岩朝美賀、野田都由紀、（『奈良大学、第８回全国高校生歴史フォーラム発表資料』所収、2014）34, 44, 45
（10）『徳島県の歴史　県史シリーズ36』（福井好行、山川出版社、1973）231

第２章　静庵墓誌

（１）『徳島県の歴史　県史シリーズ36』（福井好行、山川出版社、1973）200
（２）瑞巌寺境内「新居敦二郎碑」（岸四郎、1919）

第３章　除籍謄本

（１）『徳島県の歴史　県史シリーズ36』（福井好行、山川出版社、1973）131

（２）『日本全史　ジャパン・クロニック』（編集委員　宇野俊一他７名、講談社、1991）920（年表、2.5）

第４章　静庵を知る人々

（１）『角川日本地名大辞典（36）徳島県』（「角川日本地名大辞典」編纂委員会、角川書店、1986）369
（２）『七条文堂の研究―その生涯と業績』（藤井喬著、徳島県教育会、1976）1 - 6
（３）『徳島県郷土事典』（徳島県高等学校教育研究会地歴学会編集、徳島県教育印刷、1974）97
『徳島県の歴史　県史シリーズ36』（福井好行、山川出版社、1973）123

第Ⅱ部　稲井氏一族

第１章　位牌を読む

１　稲井又右衛門
（１）『角川日本地名大辞典（36）徳島県』（「角川日本地名大辞典」編纂委員会、角川書店、1986）369
（２）『徳島県の歴史　県史シリーズ36』（福井好行、山川出版社、1973）106 - 122
（３）『徳島県の歴史　県史シリーズ36』（福井好行、山

川出版社、1973）121, 129 - 130
「原士」（根津寿夫、徳島新聞、2022.4.24）
（４）『徳島県の歴史　県史シリーズ 36』（福井好行、山川出版社、1973）131
（５）同。123

3　稲井丞右衛門

（１）『徳島県の歴史　県史シリーズ 36』（福井好行、山川出版社、1973）131
（２）『日本全史　ジャパン・クロニック』（編集委員　宇野俊一他７名、講談社、1991）537（年表、2.26）, 538「大茶飲み遊山好きの女房は離別」
（３）『日本全史　ジャパン・クロニック』（編集委員　宇野俊一他７名、講談社、1991）572（年表、この年・阿波）
『徳島県の歴史　県史シリーズ 36』（福井好行、山川出版社、1973）（年表）16
（４）『日本全史　ジャパン・クロニック』（編集委員　宇野俊一他７名、講談社、1991）577（年表、6. －）「農地の分割相続に歯止め」
（５）同。583（年表、7.18, 8.4）
（６）『徳島県の歴史　県史シリーズ 36』（福井好行、山川出版社、1973）（年表）16
（７）『日本全史　ジャパン・クロニック』（編集委員　宇

野俊一他７名、講談社、1991）593（年表、12.10）
（８）同。596（年表、1.28), 597「世嗣をなくした将軍綱吉」, 606（年表、8.16, 9.10）「馬が人語をしゃべった？」「生類憐みの令で町名変更」
（９）『日本歴史大事典』（小学館、カシオ電子辞書　EX-word）「寺請制度」
『日本全史　ジャパン・クロニック』（編集委員　宇野俊一他７名、講談社、1991）565（年表、7.11）, 566「仏教諸宗に共通の統制令」

4　稲井與一兵衛
（１）『日本全史　ジャパン・クロニック』（編集委員　宇野俊一他７名、講談社、1991）762（年表、3.-）「全国の善行大募集」
（２）　同。631「博物学に新たな１ページ」
『徳島県の歴史　県史シリーズ 36』（福井好行、山川出版社、1973）134

10　稲井良衛
（１）『四国三郎物語―吉野川の洪水遺跡を訪ねて』（建設省徳島工事事務所、1997）36

11　稲井純一
（１）『日本全史　ジャパン・クロニック』（編集委員　宇

野俊一他７名、講談社、1991）918（年表、2.15）
『日本歴史大事典』（小学館、カシオ電子辞書　EX-word）「地租改正」
（２）『日本大百科全書（ニッポニカ）』（小学館、カシオ電子辞書　EX-word）「ペニシリン」

第２章　墓地

１　威徳院境内

（１）『日本全史　ジャパン・クロニック』（編集委員　宇野俊一他７名、講談社、1991）232（年表、2.19）
（２）『徳島県の歴史　県史シリーズ36』（福井好行、山川出版社、1973）59
（３）「徳島市威徳院の紅頗梨色阿弥陀種子板碑　伊藤宏之」（東京大学資料編纂所付属画像資料解析センター通信第50号、2010.7）「貞和三年銘板碑」
（４）『徳島県の歴史　県史シリーズ36』（福井好行、山川出版社、1973）65 - 67
（５）同。98
（６）同。101
（７）同。104
（８）『四国三郎物語―吉野川の洪水遺跡を訪ねて』（建設省徳島工事事務所、1997）「真貝宣光氏の研究」19
（９）同。55 - 56

（10）『徳島県の歴史　県史シリーズ36』（福井好行、山川出版社、1973）83 - 84

第Ⅲ部 更なる考察

第１章　開墾初期

２　河川
（１）『地形図にみる徳島地誌（上）』（岸本豊、1984）51
『徳島県の歴史　県史シリーズ36』（福井好行、山川出版社、1973）145
（２）「清き流れよ 12 あふれる水 上 飯尾川」（秋月悠、徳島新聞、2010.11.13）25面

３　第十堰
（１）『徳島県の歴史　県史シリーズ36』（福井好行、山川出版社、1973）145
（２）『日本全史　ジャパン・クロニック』（編集委員　宇野俊一他７名、講談社、1991）492（年表、この年・北関東）, 494「坂東太郎、流路を東に」
（３）『徳島県の歴史　県史シリーズ36』（福井好行、山川出版社、1973）145 - 146

第２章　家族の不幸

原註（参考・引用文献の箇所）

1　又右衛門、諸平父子

（１）『日本全史　ジャパン・クロニック』（編集委員　宇野俊一他７名、講談社、1991）525（年表、この年―伊勢・伊賀、大坂、「暮れから諸国で飢饉あり、餓死者が多数出る。」）
（２）同。526（年表、2.–、春）, 527「寛永の大飢饉、ますます深刻化」, 520 - 521
（３）同。528（年表、3.11）「田畑の永代売買を禁止」

2　與一兵衛の悲惨

（１）『日本全史　ジャパン・クロニック』（編集委員　宇野俊一他７名、講談社、1991）606「馬が人語をしゃべった？」
（２）同。618（年表、7.24）「うなぎ・どじょうにまで販売禁止令・・・」
（３）同。621（年表、7.18, 8.30, 12.15）, 622「赤穂浪士、吉良邸へ討ち入り」623（年表、11.23）, 624「関東地方に元禄大地震発生」
（４）同。626（年表、夏、伊勢）, 627「少年少女の抜け参りからお蔭参り大流行」
（５）同。626（年表、7.22）
（６）同。629（年表、10.4, 11.23）, 630「東海以南の太平洋側に大地震発生」「富士山大噴火」

『日本歴史大事典』（小学館、カシオ電子辞書　EX-word）「宝永地震」「富士山宝永噴火」
（７）『徳島県の歴史　県史シリーズ 36』（福井好行、山川出版社、1973）175 – 176
（８）『日本全史　ジャパン・クロニック』（編集委員　宇野俊一他７名、講談社、1991）630（年表、9.–）
（９）『日本大百科全書（ニッポニカ）』（小学館、カシオ電子辞書　EX-word）「麻疹」
（10）『日本全史　ジャパン・クロニック』（編集委員　宇野俊一他７名、講談社、1991）632（年表、1.10）
（11）同。614「宮崎安貞の『農業全書』刊行」参考

３　丈右衛門から利三郎へ
（１）『日本全史　ジャパン・クロニック』（編集委員　宇野俊一他７名、講談社、1991）670（年表、この年），671（年表、8.30, 10.–, この年・西日本），672「ウンカの大群、稲を食い荒らす」
（２）同。672（年表、夏・西日本）
（３）同。698（年表、閏 6.19 讃岐），699（年表、7.4 讃岐）
（４）『徳島県の歴史　県史シリーズ 36』（福井好行、山川出版社、1973）133 - 134
『日本全史　ジャパン・クロニック』（編集委員　宇野俊一他７名、講談社、1991）674「徳島藩が藍方奉行所を創設」

（５）『徳島県の歴史　県史シリーズ36』（福井好行、山川出版社、1973）178 - 179
『徳島県郷土事典』（徳島県高等学校教育研究会地歴学会編集、徳島県教育印刷、1974）67「五社宮一揆」
『日本歴史大事典』（小学館、カシオ電子辞書　EX-word）「五社騒動」
（６）『徳島県の歴史　県史シリーズ36』（福井好行、山川出版社、1973）178
（７）『徳島県の歴史　県史シリーズ36』（福井好行、山川出版社、1973）178 - 179
『日本全史　ジャパン・クロニック』（編集委員　宇野俊一他７名、講談社、1991）719（年表、7.3 西国）
（８）『日本全史　ジャパン・クロニック』（編集委員　宇野俊一他７名、講談社、1991）726（年表、夏）, 727「諸国で大干ばつ」, 729「『おかげまいり』大流行」
（９）『日本全史　ジャパン・クロニック』（編集委員　宇野俊一他７名、講談社、1991）730（年表、秋、11.16）, 731「明和九も昨日を限り…」

４　利三郎の決断

（１）『日本全史　ジャパン・クロニック』（編集委員　宇野俊一他７名、講談社、1991）824 - 825「小農家族の成立とかわいがられる子供の登場、子供の発見」
（２）『阿波医学史』（福島義一著、徳島県教育会出版部、

1970）15 - 19
（３）『日本全史　ジャパン・クロニック』（編集委員　宇野俊一他７名、講談社、1991）732（年表、9.25），734「実験医学の開拓者」
（４）同。734（年表、8.-）「『解体新書』翻訳なる」
（５）『阿波医学史』（福島義一著、徳島県教育会出版部、1970）36
（６）『日本全史　ジャパン・クロニック』（編集委員　宇野俊一他７名、講談社、1991）775（年表、7.19 阿波）
『阿波医学史』（福島義一著、徳島県教育会出版部、1970）5 - 7
（７）『日本全史　ジャパン・クロニック』（編集委員　宇野俊一他７名、講談社、1991）782（年表、6.-），784（年表、春・安芸）
（８）同。789（年表、10.13 紀伊），790「華岡青洲　乳がんの手術に成功」
『日本歴史大事典』（小学館、カシオ電子辞書　EX-word）「華岡青洲」
（９）『日本歴史大事典』（小学館、カシオ電子辞書　EX-word）「孝義録」
『日本全史　ジャパン・クロニック』（編集委員　宇野俊一他７名、講談社、1991）762「全国の善行大募集」

5　萬蔵の謎
(3)　社会状況
（1）『日本全史　ジャパン・クロニック』（編集委員　宇野俊一他7名、講談社、1991）828（年表、6.-）
（2）『日本大百科全書（ニッポニカ）』（小学館、カシオ電子辞書　EX-word）「天保の飢饉」
『日本全史　ジャパン・クロニック』（編集委員　宇野俊一他7名、講談社、1991）837（年表、この年・東北）「全村餓死の悲惨な村も」
（3）『日本全史　ジャパン・クロニック』（編集委員　宇野俊一他7名、講談社、1991）837「全村餓死の悲惨な村も」, 840（年表、8.-、この年）, 841「天保の大飢饉さらに深刻化」「大阪で打ちこわし」
（4）同。842（年表、2.19・大阪）, 843「大塩平八郎の乱おこる」
（5）同。679（年表、5.17 江戸）, 680「疫病に朗報！」, 764（年表、12.24）, 765「万能薬の朝鮮人参　販売だけでなく栽培も自由に」

第3章　医師静庵の誕生

1　姉妹の本名
（1）『県史シリーズ36・徳島県の歴史』（福井好行著、山川出版社、1972）123
（2）復刻版『国府町史資料』（編集兼発行者徳島県名東

郡国府尋常高等小学校、奥山印刷所、1917）216
（３）『日本歴史大事典』（小学館、カシオ電子辞書　EX-word）「黒川道祐」

２　医学修業

⑴　医学の発展

（１）『日本全史　ジャパン・クロニック』（編集委員　宇野俊一他７名、講談社、1991）702（年表、閏2.7 京都）, 703「実証的医学の第一歩」
『日本歴史大事典』（小学館、カシオ電子辞書　EX-word）「山脇東洋」
（２）『日本全史　ジャパン・クロニック』（編集委員　宇野俊一他７名、講談社、1991）709（年表、3.26 長門）
『日本歴史大事典』（小学館、カシオ電子辞書　EX-word）「栗山孝庵」「伊良湖光顕」
（３）『日本全史　ジャパン・クロニック』（編集委員　宇野俊一他７名、講談社、1991）630（年表、5.-）, 631「博物学に新たな一ページ　貝原益軒『大和本草』を完成」, 653「本草学」, 786（年表、2.-）「動植物の方言も網羅　博物誌の頂点」
『日本歴史大事典』（小学館、カシオ電子辞書　EX-word）「本草学」
（４）『阿波医学史』（福島義一著、徳島県教育会出版部、1970）15 - 16

『日本全史　ジャパン・クロニック』（編集委員　宇野俊一他７名、講談社、1991）719（年表、この年），720「賀川玄悦『産論』を刊行」
（５）『阿波医学史』（福島義一著、徳島県教育会出版部、1970）18, 43
『日本大百科全書（ニッポニカ）』（小学館、カシオ電子辞書　EX-word）「美馬順三」
（６）『日本全史　ジャパン・クロニック』（編集委員　宇野俊一他７名、講談社、1991）772（年表、この年・江戸），774「江戸の蘭医も激賞」
（７）『日本歴史大事典』（小学館、カシオ電子辞書　EX-word）「江戸参府」「シャムベルゲル」
『日本全史　ジャパン・クロニック』（編集委員　宇野俊一他７名、講談社、1991）511（年表 5.1 江戸），513「貿易再開を機会にオランダ商館長が将軍に拝謁」
（８）『日本全史　ジャパン・クロニック』（編集委員　宇野俊一他７名、講談社、1991）594（年表、2.27 江戸），602（年表、2.30 江戸），603「オランダ商館長将軍綱吉に謁見」
（９）『日本歴史大事典』（小学館、カシオ電子辞書　EX-word）「蘭学」
（10）同。「本木良意」
（11）『日本歴史大事典』（小学館、カシオ電子辞書　EX-word）「解体新書」

『日本全史　ジャパン・クロニック』（編集委員　宇野俊一他7名、講談社、1991）734（年表、8.-）「『解体新書』翻訳なる」
(12) 『日本全史　ジャパン・クロニック』（編集委員　宇野俊一他7名、講談社、1991）789（年表、10.13 紀伊）, 790「華岡青洲乳がんの手術に成功」
(13) 『日本歴史大事典』、『日本大百科全書（ニッポニカ）』（小学館、カシオ電子辞書　EX-word）「華岡青洲」
(14) 『日本全史　ジャパン・クロニック』（編集委員　宇野俊一他7名、講談社、1991）820（年表、この年・肥前）「シーボルトが長崎郊外に鳴滝塾」
(15) 同。828（年表、8.10 肥前）829「座礁した船から禁制品」
(16) 『阿波医学史』（福島義一著、徳島県教育会出版部、1970）43 - 44
『県史シリーズ36・徳島県の歴史』（福井好行著、山川出版社、1972）163
『日本歴史大事典』（小学館、カシオ電子辞書　EX-word）「高良斎」
(17) 『日本全史　ジャパン・クロニック』（編集委員　宇野俊一他7名、講談社、1991）846（年表、5.14 江戸）, 847「蛮社の獄、崋山・長英らを逮捕」
(18) 『阿波医学史』（福島義一著、徳島県教育会出版部、1970）46, 53
(19) 『日本歴史大事典』（小学館、カシオ電子辞書　EX-

word）「楢林宗建」
『日本全史　ジャパン・クロニック』（編集委員　宇野俊一他７名、講談社、1991）864（年表、6.29 肥前），865「楢林宗健が種痘の実験に成功」
(20)『県史シリーズ36・徳島県の歴史』（福井好行著、山川出版社、1972）165
『阿波医学史』（福島義一著、徳島県教育会出版部、1970）78
(21)『阿波医学史』（福島義一著、徳島県教育会出版部、1970）46. 53-54
(22)『日本全史　ジャパン・クロニック』（編集委員　宇野俊一他７名、講談社、1991）702（閏2.7 京都），703「実証的医学への第一歩」
『日本歴史大事典』（小学館、カシオ電子辞書　EX-word）「山脇東洋」
(23)『日本歴史大事典』（小学館、カシオ電子辞書　EX-word）「シャムベルゲル」

⑵　医学環境

（１）『阿波医学史』（福島義一著、徳島県教育会出版部、1970）16, 36, 39
（２）「日本医史学雑誌　第60号３号、華岡青洲（３代随賢）末裔（本家）所蔵の国別門人録について（４）」（梶谷光弘、日本医史学会、2014）285

（３）『阿波医学史』（福島義一著、徳島県教育会出版部、1970）5, 7, 12
（４）『歴史文化ライブラリー 389　江戸時代の医師修業』（海原亮著、吉川弘文館、2014）39, 41, 59
（５）『歴史文化ライブラリー 389　江戸時代の医師修業』（海原亮著、吉川弘文館、2014）6
（６）同。174 - 176
（７）『七条文堂の研究』（藤井喬著、徳島県教育会、1976）7, 55 - 56（年表、1822.10.21, 1825.12.1）
（８）同。8, 57（年表 1837 冬, 1838.3）
復刻版『国府町史資料』（編集兼発行者徳島県名東郡国府尋常高等小学校、奥山印刷所、1917）260 - 261
（９）『七条文堂の研究』（藤井喬著、徳島県教育会、1976）8, 57（年表、1842.7.27）
（10）『県史シリーズ 36・徳島県の歴史』（福井好行著、山川出版社、1972）59
復刻版『国府町史資料』（編集兼発行者徳島県名東郡国府尋常高等小学校、奥山印刷所、1917）261 - 262

⑶　志望動機

（１）『明治医事往来』（立川昭二著、新潮社、1986）22
（２）同。10 - 11

⑷　女性医師
（1）『歴史文化ライブラリー 389　江戸時代の医師修業』（海原亮著、吉川弘文館、2014）170 - 171
（2）『江戸の女ばなし』（西岡まさ子著、河出書房新社、1993）35 - 47, 81 - 106, 107 - 129
（3）「アジア・ジェンダー文化学研究『創刊号』、近世後期産科医療の展開と女性～賀川流産科をめぐって」（鈴木則子著、奈良女子大学アジア・ジェンダー文化学研究センター、2017）13 - 14
（4）『阿波医学史』（福島義一著、徳島県教育会出版部、1970）33 - 34
（5）『明治医事往来』（立川昭二著、新潮社、1986）136 - 138
「醫譚復刊第八十九号、《女性医師》を着衣から考える、江戸から明治初め」（太田妙子著、日本医史学会関西支部、2009）5705（107）
（6）「醫譚復刊第八十九号、《女性医師》を着衣から考える、江戸から明治初め」（太田妙子著、日本医史学会関西支部、2009）5706（108）
（7）同上 5706（108）- 5707（109）
『明治医事往来』（立川昭二著、新潮社、1986）141
（8）『日本大百科全書（ニッポニカ）』（小学館、カシオ電子辞書　EX-word）「ブラックウエル」
「Who was Elizabeth Blackwell?」（the Elizabeth

Blackwell institute team, University of BRISTOL, https://www.bristol.ac.uk/blackwell/what-we-do/who-was-elizabeth-blackwell/2023）
「How Elizabeth Blackwell became the first female doctor in the U.S. 」（Dr. Howard Markel, newshour of PBS, https://www.pbs.org/newshour/health/elizabeth-blackwell-becomes-the-first-woman-doctor-in-the-united-states, 2014）
（９）『日本歴史大事典』（小学館、カシオ電子辞書　EX-word）「野中兼山」

3　化け医者
⑵　男装
（１）『日本歴史大事典』（小学館、カシオ電子辞書　EX-word）「高場乱（おさむ）」
「醫譚復刊第八十七号、江戸時代の女性医師、稲井静庵・松岡小鶴、高場乱」（太田妙子著、日本医史学会関西支部、2008）5392（78）- 5393（79）
「醫譚復刊第八十九号、近世―江戸期の《女性医師》」（太田妙子著、日本医史学会関西支部、2009）5691（93）
「醫譚復刊第八十九号、《女性医師》を着衣から考える、江戸から明治初め」（太田妙子著、日本医史学会関西支部、2009）5703（105）- 5704（106）

（２）『角川日本地名大辞典（36）徳島県』（「角川日本地名大辞典」編纂委員会、角川書店、1986）369
（３）『日本全史　ジャパン・クロニック』（編集委員　宇野俊一他７名、講談社、1991）572（年表、8.13）, 573「またまた質素倹約令」
（４）『県史シリーズ36・徳島県の歴史』（福井好行著、山川出版社、1972）156 - 157
（５）『日本全史　ジャパン・クロニック』（編集委員　宇野俊一他７名、講談社、1991）915（年表、4.18, 8.9）, 926（年表、3.28）「帯刀はやめよ」

4　当主期間

（１）『日本全史　ジャパン・クロニック』（編集委員　宇野俊一他７名、講談社、1991）572「株仲間」
（２）復刻版『国府町史資料』（編集兼発行者徳島県名東郡国府尋常高等小学校、奥山印刷所、1917）107 - 108
（３）『日本全史　ジャパン・クロニック』（編集委員　宇野俊一他７名、講談社、1991）834「下野で花開く尊徳仕法」
（４）奈良大学第８回（2014年）全国高校生歴史フォーラム・「徳島市の高地蔵」（徳島文理高等学校郷土研究部　岩朝美賀、野田都由、2014）44
『県史シリーズ36・徳島県の歴史』（福井好行著、

山川出版社、1972）巻末18（年表、1847）

第4章　静庵以後

1　重蔵の時代

（1）『日本全史　ジャパン・クロニック』（編集委員　宇野俊一他7名、講談社、1991）870（年表、6.3）, 871「ペリー、浦賀に来航」, 872（年表、3.3）, 873「日米和親条約を締結」
（2）『県史シリーズ36・徳島県の歴史』（福井好行著、山川出版社、1972）185 - 187
（3）『日本全史　ジャパン・クロニック』（編集委員　宇野俊一他7名、講談社、1991）872（年表、11.4）, 873「東海・南海地方に地震あいつぐ」
（4）『県史シリーズ36・徳島県の歴史』（福井好行著、山川出版社、1972）巻末18（年表）
「江戸後期の安政南海地震」（冨士佳輝、平成30年3月11日付徳島新聞、2018）
（5）復刻版『国府町史資料』（編集兼発行者徳島県名東郡国府尋常高等小学校、奥山印刷所、1917）205
（6）『日本全史　ジャパン・クロニック』（編集委員　宇野俊一他7名、講談社、1991）874（年表、10.2）, 875「江戸にM6.9の直下型地震」
（7）復刻版『国府町史資料』（編集兼発行者徳島県名東

郡国府尋常高等小学校、奥山印刷所、1917）208
（８）『日本全史　ジャパン・クロニック』（編集委員　宇野俊一他７名、講談社、1991）879（年表、5.7）
（９）『近世感染症の生活史　医療・情報・ジェンダー』（鈴木則子著、吉川弘文館、2022）208
『日本全史　ジャパン・クロニック』（編集委員　宇野俊一他７名、講談社、1991）879（年表、7. －）, 881（錦絵と文「コレラ流行」）
（10）『近世感染症の生活史　医療・情報・ジェンダー』（鈴木則子著、吉川弘文館、2022）203
『日本全史　ジャパン・クロニック』（編集委員　宇野俊一他７名、講談社、1991）818（年表、8. －）
（11）『日本全史　ジャパン・クロニック』（編集委員　宇野俊一他７名、講談社、1991）882（年表、7.-）, 883「貿易で物価急騰」
（12）復刻版『国府町史資料』（編集兼発行者徳島県名東郡国府尋常高等小学校、奥山印刷所、1917）207 - 208
（13）『日本大百科全書（ニッポニカ）』（小学館、カシオ電子辞書　EX-word）「伊東玄朴」
『日本全史　ジャパン・クロニック』（編集委員　宇野俊一他７名、講談社、1991）886（年表、6.3）
（14）『日本全史　ジャパン・クロニック』（編集委員　宇野俊一他７名、講談社、1991）886（年表、8.16）, 887

「初の洋式医学校」
(15)『日本全史　ジャパン・クロニック』(編集委員　宇野俊一他7名、講談社、1991) 896 (年表、5.－)「長州藩の武器購入を斡旋」
(16) 同。902 (年表、1.21)「薩摩・長州両藩が秘密同盟」
(17) 同。902 (年表、この年), 904「荒れ狂う一揆・打ちこわしの嵐」
(18)『県史シリーズ36・徳島県の歴史』(福井好行著、山川出版社、1972) 巻末年表18
『角川日本地名大辞典 (36) 徳島県』(「角川日本地名大辞典」編纂委員会、角川書店、1986) 369
(19)『日本全史　ジャパン・クロニック』(編集委員　宇野俊一他7名、講談社、1991) 904 (年表、7.－), 906「『ええじゃないか』大爆発へ」
『県史シリーズ36・徳島県の歴史』(福井好行著、山川出版社、1972) 193
(20)『日本全史　ジャパン・クロニック』(編集委員　宇野俊一他7名、講談社、1991) 908 (年表、1.10, 7.17, 8.27, 9.8)
(21) 同。917「御一新から維新へ」
(22) 同。913 (年表、2.－, 4.24)

2　良衛の医学修業
(1)『阿波医学史』(福島義一著、徳島県教育会出版部、

1970）7, 12, 46, 53, 55
（２）同。55, 56
（３）同。57
（４）同。57, 58
（５）『日本大百科全書（ニッポニカ）』（小学館、カシオ電子辞書　EX-word）「医学史・日本の医学の流れ・近代」
（６）『日本歴史大事典』（小学館、カシオ電子辞書　EX-word）「医師」
『阿波医学史』（福島義一著、徳島県教育会出版部、1970）64
（７）『日本全史　ジャパン・クロニック』（編集委員　宇野俊一他７名、講談社、1991）930（年表、7.10）
（８）『日本歴史大事典』（小学館、カシオ電子辞書　EX-word）「脚気」
（９）『日本全史　ジャパン・クロニック』（編集委員　宇野俊一他７名、講談社、1991）989（年表、3.29）
（10）同。1002（年表、12. －）

３　明治の疫病事情

（１）『日本全史　ジャパン・クロニック』（編集委員　宇野俊一他７名、講談社、1991）928（年表、8. －）
（２）『日本全史　ジャパン・クロニック』（編集委員　宇野俊一他７名、講談社、1991）932（年表、6.27), 933「コレラ予防に新法」

『日本歴史大事典』（小学館、カシオ電子辞書　EX-word）「コレラ」
『明治医事往来』（立川昭二著、新潮社、1986）67 - 73
（3）『日本全史　ジャパン・クロニック』（編集委員　宇野俊一他７名、講談社、1991）938（年表、5.29）
（4）同。944（年表、3.- この年）
（5）同。946（年表、5. － 6. － この年）
（6）同。956（年表、2. － 6. －）
『日本大百科全書（ニッポニカ）』（小学館、カシオ電子辞書　EX-word）「インフルエンザ・歴史」
（7）『阿波医学史』（福島義一著、徳島県教育会出版部、1970）81
（8）『日本全史　ジャパン・クロニック』（編集委員　宇野俊一他７名、講談社、1991）960（年表、この年），962（年表、この年）
（9）同。970（年表、この年），972（年表、12.25），976（年表、この年）
（10）『日本歴史大事典』（小学館、カシオ電子辞書　EX-word）「赤痢」
（11）『阿波医学史』（福島義一著、徳島県教育会出版部、1970）83 - 84
（12）『日本全史　ジャパン・クロニック』（編集委員　宇野俊一他７名、講談社、1991）976（年表、10. － この

年）, 982（年表、10.6・神奈川）
（13）同。983「横浜でペスト発生」
（14）同。1000（年表、12. − ドイツ）, 1002（年表、12. −）
（15）『阿波医学史』（福島義一著、徳島県教育会出版部、1970）88
（16）『明治医事往来』（立川昭二著、新潮社、1986）113 - 116

◆

〈その他の参考文献〉

『質的研究入門』（Uwe Flick< 原著 >、小田博志 < 翻訳 >、山本則子、春日常、宮地尚子 < 翻訳 >、春秋社、2002）
『プロトコル分析入門・・・発話データから何を読むか』（海保博之・原田悦子編、新曜社、1993）
『はじめての構造主義』（橋爪大三郎著、講談社現代新書、1988）
『構造構成主義とは何か・・・次世代人間科学の原理』（西條剛央著、北大路書房、2005）
『現象学入門』（竹田青嗣著、日本放送出版協会、1989）

稲井　一雄（いない かずお）

昭和二十年（1945）徳島市生まれ。

（学歴）

静岡大学人文学部人文学科、鳴門教育大学大学院学校教育コース卒業。

（職歴）

徳島県立名西高校講師、徳島県立脇町高校の講師を経て、徳島県立高校教諭（三十三年間）、徳島文理中学校高等学校教諭（十年間）を歴任。

（趣味）

『源氏物語』を読むこと、楽曲作り（主に作詞）、
クラシックギター。

（現住所）

〒779-3121　徳島県徳島市国府町和田居内98番地の2

稲井静庵の一族 ――阿波女性医師とその系譜

2024年2月26日　第1刷発行
著　者　稲井一雄
発行人　大杉　剛
発行所　株式会社 風詠社
〒553-0001　大阪市福島区海老江5-2-2
大拓ビル5 - 7階
TEL 06（6136）8657　https://fueisha.com/
発売元　株式会社 星雲社
（共同出版社・流通責任出版社）
〒112-0005　東京都文京区水道1-3-30
TEL 03（3868）3275
印刷・製本　シナノ印刷株式会社

ISBN978-4-434-33382-8 C0021